ビジネスエリートの必須教養
「世界の民族」超入門

衝突或融合，
地緣政治的民族解答

世上所有紛爭的燃點，不是國與國，
從非我「族」類視角，才知戰火何以難熄。

大阪大學國際公共政策博士
走訪全球 96 個國家的日本前外交官
山中俊之——著　黃筱涵——譯

目錄

第二部
亞洲，多民族融合後的結局

第三部
歐洲：因外交而通婚，又因宗教而對立

第四部 在分裂中受苦的中東、非洲

第五部 美洲新大陸：原住民與移民的融合與對立

第六部 今後世界的民族與種族

推薦序一

試圖理解民族是個漫長的社會再造

前外交部歐洲司中東歐科科長／劉仕傑

在臺灣，「民族」是令人困惑的詞彙。其原因不單是本書作者山中俊之所提到的，該詞沒有相對準確的英文翻譯，在臺灣過去的歷史脈絡及至政治現實中，我們談到民族時，內心或多或少有疑惑甚至心虛。

最好的例子是，在理解臺灣當代文化時，我們如何自我稱呼和定位？在多年前的黨國教育中，大多人的自我認知是「中華民族」，但問問現在的年輕一代，認為自己屬於中華民族的人，恐怕越來越少。

如果不是中華民族，那我們該如何自我認同？是「臺灣民族」嗎？如果要談所謂的「臺灣民族性」，那又是什麼？假設在國際舞臺上，要穿戴屬於自己國家的民族服飾，哪種服裝能代表臺灣民族？哪一個菜系，最能代表臺灣的飲食風味？這些都是我們難以定義民族的原因。

在臺灣，國族建立（nation-buiding）、種族（ethnicity）以及族群（ethnic group）等，是極具複雜且交互影響的概念。

正因如此，我們對於外來民族的理解及想像，常常過於單薄，甚至偏頗。作者認為**日本人對於外來民族的理解興趣不高，事實上，臺灣也有類似的狀況。**

我的十年外交官生涯中，曾有幸派駐與臺灣同為南島語系（Austronesian）的邦交國帛琉，發現許多帛琉當地的語言文字，與臺灣原住民語言有共通之處。當然，臺灣的原住民語言也非單一構成。

儘管在臺灣與帛琉的雙邊外交關係維繫上，我們常常強調，兩國同屬於南島語系，但現實上，**臺灣是一個高度西化的國家，客觀來說，南島文化在臺灣社會並非主流的存在。**相較之下，帛琉的日常生活中，無論是語言、文化或政治制度等層面，處處都能看見南島文化。例如，帛琉的傳統社會制度下，設有女王及酋長（南大酋、北大酋），而這些傳統領袖並非點綴性的存在，而是具備崇高社會地位及政治權力。此外，帛琉屬於母系社會。凡此種種，便不難看出，儘管同屬於南島語系，臺灣跟帛琉存在諸多差異。

作者亦談到現在社會的移民及難民問題，我認為這對臺灣的讀者來說，極具啟發性。臺灣社會甚少認真討論所謂移民（migrant）、流散（diaspora）、難民（refugee）等概念的意義，一部分原因是自身的政治問題尚未解決，另一部分原因，是我們對於國際事務的了解常常聚焦於花邊新聞，而非系統性的思辨。

在香港《逃犯條例》及反送中事件後，臺灣社會曾試圖討論開放香港居民遷移來臺的可能性，但事實證明，不但社會討論度不高，甚至許多香港人對外表示，他們對臺灣的移民法規制度感到失望，甚至決定轉往英國。

若認真討論港人來臺一事，恐需萬字長文。但若簡言之，或可視為臺灣尚未嚴肅思辨民族一詞的脈絡，以及背後的政策成本，自然難以深入討論民族相關議題。

二〇二二年，俄羅斯入侵烏克蘭，導致大批烏國人民逃往波蘭等國。民族的遷徙、流動及融合，在歐洲漫長的歷史中屢見不鮮，相信這也能進一步啟發臺灣人對民族一詞的思考。

誠心推薦大是文化所出版《衝突或融合，地緣政治的民族解答》，願我們都能在思辨的過程中更能理解彼此的差異。

本文作者為前外交部歐洲司中東歐科科長，擁有十年外交經歷，曾外派美國及帛琉，著有《我在外交部工作》，現旅居東南亞。

推薦序二

從認識民族，培養國際觀

資深外交官、巴黎第七大學博士及行政院模範公務員／呂慶龍

當我接到大是文化邀請推薦日本前外交官山中俊之的著作《衝突或融合，地緣政治的民族解答》時，心生讚嘆，認為資訊必定多元豐富，大有看頭。

我從事涉外事務工作四十二年，其中二十六年奉派在國外任所，看到作者除了參加國際會議外，竟有機會走訪九十六個國家，仔細觀察不同國家與地區的歷史文化與差異、民族、區域與國家發展及競爭、種族問題、宗教傳播、貧富差距、教育與交流、國際衝突、全球關注議題等諸多領域。他在書中分享親身經歷及見聞，以客觀立場，平實又中肯的態度，撰寫內容，充實且理性分析以及有趣的解讀，帶給

各行業有識之士——特別是領導人物——諸多省思與啟示，確實難能可貴。

作者分享這些經驗，固然能擴展現代人對世界的認知、了解異方。不論是外交專業人員在爭取與捍衛國家利益時，或者是正進行國際貿易或處理國際事務的人士，都有很多機會前往不同國家或地區，累積不同經驗。

我從省嘉中（按：國立嘉義高中的舊稱）畢業時，國文老師楊鳳威先生贈勉對聯：「學問是他人的經驗，經驗才是自己的學問」。我在拜讀《衝突或融合，地緣政治的民族解答》後，更加同意這種看法。

作者透過外交官經驗，及擔任不同職務而行走各處的觀察力和優質表達力，以宏觀角度看世界關切的議題，寫下全球發展所面臨挑戰的背景、現狀及期許（融合），提供讀者們深刻認識世界，了解各國努力推動國家發展，改善人民生活，甚至促進世界和平……進而萌生諸多期待（即使無解）。

除此之外，作者在第十四章，不諱言的客觀解說、探討日本的現況；在第十五章，也以理性與專業素養來探討歧視問題，內容值得仔細拜讀。

在臺灣，我們從一九五〇年代的貧窮困頓生活，發展到今天表現亮麗，在全球超過兩百個國家（包含一百九十三個聯合國會員國）中，竟在二〇二一年，名列全球第二十一大經濟體、第十八及十五大進出口國家。我認為本書正可強化我們培養國際觀點，「知己知彼，疼惜臺灣，繼續努力」的能耐，欽羨之際樂於推薦，敬祝閱讀愉快！

本文作者為資深外交官、派駐法國代表擔任祕書、顧問、特任大使等，共計十六年。支援臺灣爭取重返聯合國（四次）及世界衛生大會（WHA）觀察員案，也曾為澎湖灣爭取加入世界最美海灣組織。

序

世界紛爭，源自於民族問題

近年來，人們很常使用「脈絡」（context）一詞，意思是「關於現象、發言或是事件，其背景或前因後果」。

舉例來說，我曾在網路上看過一篇美國短文：「這就像我童年時的週五晚餐，非常特別。」

這是連國中生也能輕易閱讀的文章，但若沒釐清脈絡，就無法理解這段句子的真正意思。因此我要請各位一起來思考，這裡的「特別」指什麼。

「作者應該是懷念童年時和家人的回憶。」

可以說，像這樣光看字面上意思的人，完全沒有讀懂這段文字。因為「英文理解能力」不等於「文章的解讀能力」。

也有些人會想：「所謂的特別是指家庭的溫暖嗎？」、「就我的情況來說，我週五去補習，父母必須在週末前把工作告一個段落，所以回家時間也特別晚。等到週日，家人才會聚在一起，邊吃晚餐邊看電視劇《海螺小姐》。這樣一想，為什麼作者會懷念週五呢？」這些疑問正是進一步理解這段文字的基礎。

但如果你夠了解民族的歷史，看到這段文字時，能馬上解讀背後的來龍去脈，並解釋：「**既然是週五全家聚在一起吃特別的晚餐，那麼作者可能是猶太人。**」

猶太教有個習俗叫做安息日（Sabbath，又稱沙巴特），《舊約聖經》（對猶太教徒來說就是《聖經》）提到，安息日是「神創造天地六日後，休息的第七天」。猶太教徒將週六視為安息日，從週五太陽下山至週六太陽下山，禁止勞動。

猶太人占以色列人口七四%，每逢安息日，都會有許多公司、電車、巴士與銀行放假。猶太教甚至嚴格定義「點燈也是勞動」，因此虔誠的猶太教徒，至今仍會在安息日的前一天傍晚點亮蠟燭。由於「做飯也是勞動」，因此安息日的晚餐，會以方便事前完成的美味沙拉、湯品與燉煮料理為主。這是全家開心交談的時光，也是神聖的一刻，所以會禁止使用手機和看電視。

因此，試著解讀這段文字的脈絡，就會發現「特別」，指的是「如童年安息日的晚餐一樣，靜謐、莊嚴又傳統的家庭氣氛」。此外，作者還寫了「童年」二字，所以也可以解讀出，「寫出這段文字的人，是猶太裔美國人，所以可能他現在沒那麼認真遵守宗教儀式了」。是否具備解讀出「在美國的猶太人與以色列猶太人不太一樣，很多人沒有那麼嚴格遵守教規」的能力，會影響人們最後得出的結論。

現在只要拿出手機，就能迅速獲得豐富的資訊。除了國內外新聞外，連學術論文也可以透過Google學術搜尋（Google Scholar）檢視。即使撰寫語言是英語以外的語言，AI翻譯精準度也正日益提升，對語言能力沒信心的人也能充分利用。因為我們正處在人人都能平等獲取資訊的世界，所以面對同一份資訊時，是否能解讀脈絡，連帶影響手中資訊的質與量——我是這麼認為的。

脈絡一詞也帶有「讀空氣」的意義。儘管文章中沒有明確表達出來，只要能共享文化與價值觀，感受到其蘊含的背景，便能釐清及理解脈絡。

舉例來說，日本人聽到《海螺小姐》時，會聯想到開朗溫暖的家庭，是因為這部戲藏有日本文化與價值觀。幾乎所有日本人都知道這部電視劇，是一九六九年起，長年播放有關大家庭的故事，所以會解讀出「家庭、早期日本、因週日即將結束而感到輕微憂鬱」這樣的脈絡。

要確實解讀出對方的話或文字，就必須學習對方擁有的文化與價值觀，也就是「民族」的知識。

世界史，等於民族的歷史

許多博學多聞的人都表示「人們都應了解歷史」，雖然這句話是事實，但我認為不了解民族，就無法理解歷史。換句話說，整個世界史就是民族的歷史。「要培養文化素養，就得理解歷史與宗教都源自於民族。」

有些人認為「文化素養與工作無關」、「這是種崇高的興趣」，但是**當今世界發生的所有問題，幾乎都與民族有某種關係。**看待各種紛爭、差距、種族歧視、民族主義的崛起、國家緊張關係造成的經濟摩擦時，能否理解這些事物與民族有關，會影響你的視角及想法。

面對各種事件，能從一個現象來解讀脈絡，或僅止於表面理解，可說是一般人與菁英之間的差別。

不是所有英國人都是英國人

日本人很容易認為「民族等於國家」。

有人會像這樣判斷：「住在日本的幾乎都是日本人，日本人就是日本民族」、「住在美國就是美國人」、「待在中國就是中國人」，總而言之，這類人缺乏從民族看待事物的觀點。

不先認識民族的話，就無法徹底理解世界的脈絡。

以「英國脫歐」為例，英國退出歐盟的理由眾說紛紜：「英國是為了限制歐盟送來的大量難民，才會脫歐。若移民人數增加，需要行政服務的人就會暴增，對英國人來說，只是平白增加負擔的稅金而已。」、「擁有曾為世界霸主——大英帝國的尊嚴，根本沒真正接受一個歐洲這種概念。他們使用的貨幣是英鎊而非歐元，就是最好的證據。」、「英國是GDP（國內生產毛額）達全球第七名的聯邦國家（二〇二〇年），就算不加入歐盟經濟圈，英國自己也可以過得很好。不如說，脫離歐盟經濟圈還比較順利。」其他還有提到形形色色的理由，但日本人很難意識到「民族」這個關鍵。

我以前留學劍橋大學時，也認為：「英國學生可以和同鄉混在一起真好，畢竟沒有語言隔閡，文化也相同。」當時的我抱持著留學生特有的「局外人感」，所以很羨慕他們。

但我很快就意識到這是天大的誤會。

住在英國的主要民族，有英格蘭人、蘇格蘭人、威爾斯人與愛爾蘭人，經過詢問，會發現並非每個人的自我認同都是「英國人」。他們對自己所屬民族很講究，會說「因為我是蘇格蘭人／愛爾蘭人……」，其中**尤以愛爾蘭人的民族意識最強**，令人印象深刻。

雖然日本人能夠理解，世上存在種族與宗教有明顯差異的印度裔英國人、華裔英國人等，但是至今大多數人看見其他類型的人時，還是會下意識的將這些人一律視為「都是英國人」。

英國脫歐也是民族問題

英國有各式各樣的民族，人們也各有自我認同——從我剛去留學的一九九〇年代至今都沒變過，舉例來說，我有個朋友的雙親是愛爾蘭裔，他們對二〇一六年的英國脫歐公投表達強烈反彈。

「雖然我出生與成長都在倫敦，也屬於英國國籍，但我仍然是愛爾蘭人。如果要脫歐，應先幫我恢復愛爾蘭國籍，日後有什麼萬一時，我才能重新加入歐盟！」

從民族來看，有許多愛爾蘭人居住的北愛爾蘭，國籍是「英國」，與南部的「愛爾蘭共和國」是不同國家。但這些人同屬愛爾蘭民族又都住在愛爾蘭島，語言、文化與宗教都是共通的（北愛爾蘭也有非愛爾蘭裔的英國人居住）。且南北愛爾蘭之間沒有實質的界線，能夠自由往來（按：愛爾蘭島上唯一陸上國境線位於北愛爾蘭，以此區分英國與愛爾蘭共和國）。

因此，有不少愛爾蘭共和國國民「雖然是住在愛爾蘭，卻每天通勤去英國（北愛爾蘭）公司上班。也就是說，儘管愛爾蘭北部與南部分屬不同國家，卻都是居住在相同的地區，且是同屬自認為「自己是愛爾蘭人」的民族。

愛爾蘭人相當團結，打著「讓北愛爾蘭從聯合王國（按：英國正式名稱為大不列顛暨北愛爾蘭聯合王國，漢字文化圈通稱英國）中獨立，實現南北愛爾蘭的統一！」旗幟的愛爾蘭共和軍（Irish Republican Army，縮寫為ＩＲＡ）就透過陸續的恐怖攻擊，造成總計達三千名犧牲者，是長年間愛爾蘭與英國的糾紛導火線。在二〇〇五年，ＩＲＡ終於解除武裝並與英國達成和平協議，綜觀整個歷史，我們能發現這是離現在很近的事件。

政府表達「脫歐，由英國國民作主」時，很多人都秉持著「我不是英國人，我是愛爾蘭人／蘇格蘭人」，所以明顯難以整合意見。

證據就是，在二〇二〇年十二月，英國與歐盟達成脫歐後的貿易協議時，蘇格蘭政府的首席大臣（蘇格蘭首長）尼可拉・史特金（Nicola Sturgeon）就在推特表示：「現在是規畫我們未來作為獨立歐洲國家的時候了。」蘇格蘭在二〇一四年舉辦過從英國獨立的公投，雖然公投結果是否決，但是英國脫歐後，再度掀起獨立風潮的可能性也很大。

伊隆・馬斯克是美國人，也是南非人和加拿大人

二〇二〇年十二月，有篇新聞報導說，全球首富的伊隆・馬斯克（Elon Musk）擁有美國國籍。但是提出「伊隆・馬斯克是哪一國人？」時，「美國人」這個答案可以說是既正確又不正確。

馬斯克在南非出生與成長，十八歲時因抗拒兵役而移居加拿大，這是為了與加拿大裔南非人母親一樣持有加拿大國籍所致，後來他就讀美國的賓州大學（University of Pennsylvania）並創業。

也就是說，馬斯克擁有南非、加拿大與美國等國籍。他與雙親都在南非出生，

也在南非長大成人，擁有南非國籍，所以問答節目在設計問題「世界上最有錢，且因推動再生能源與電動車而備受矚目的商人，是哪一國人？」時，你可以說他是「美國人」。但若題目設計成「馬斯克屬於哪個民族？」，答案會比較複雜。

日本人，民族偏差值全球最差

「多元化很重要」、「應理解世界上各式各樣的價值觀」……近年來越來越多這樣的聲音，要理解多樣化及造成多樣化的文化與價值觀時，先理解民族是非常重要的。

然而日本人的「民族偏差值」——對民族的理解程度——或許是全球最差。雖然理由很多，但我認為主要是下列這三項：

1. 是人口很多的島國。
2. 語言與文化同質性很高。

3. 沒被其他民族統治過（很短）。

世界上有許多島國，但只有日本的人口超過一億又被海洋圍繞。因內需龐大，讓日本即使只靠自家市場也可以經營好生意，削弱了日本人對外國的興趣。反之，如果是小國，就不得不關注外國動向了。

第二個理由「語言與文化同質性很高」，則要特別留意，即使「同質性高」也不代表「單一語文、單一文化」。

日本也有像阿伊努族這種擁有獨特語言與文化的原住民族（按：主要分布在北海道和本州東北地區），絕對不可以踐踏他們的尊嚴。

江戶時代遭迫害的阿伊努人與和人（大和民族）斷斷續續發生紛爭，到了明治維新後仍堅持獨有的文化。然而，相較於面對英國時，甚至會做出恐怖攻擊的愛爾蘭獨立紛爭，阿伊努人的行動在明治維新後就較少見，因此「日本是單一民族，日本人等於日本民族」的誤解就益發強烈。

最後，綜觀世界歷史，「沒被其他民族統治過」相當罕見，或許是值得驕傲的事情，但也帶來負作用——日本人的視野狹隘。若是曾被異民族統治，就會產生差異，造成各種摩擦，無論有沒有意願，都會上這一門與民族有關的「痛苦課程」。

不理解民族，就無法從後疫情世界倖存

我大學畢業後選擇了外交官這條路，去過埃及、英國與沙烏地阿拉伯。我曾在埃及平民生活圈的宿舍待兩年，學習屬於伊斯蘭教的埃及人文化與價值觀，親身體驗中東的貧富差距，以及民族、宗教方面的紛爭。**我也曾擔任首相的阿拉伯語口譯、參與過紐約的聯合國大會等**，現在從事以大學教職員為主的全球人才開發顧問暨研修講師。

我走訪世界九十六個國家，從美國西海岸的巨大科技產業，到最貧窮國家的貧民窟、農村，我都見過，因此得出結論：**面對種族、民族、宗教、所得與性別等差異，能否理解對方的文化與價值觀，並產生同理心，正是解決問題的關鍵**。身處不斷朝著全球化邁進、重視多元化的時代，我認為跨越立場的共感能力非常重要。

但是隨著二〇二〇年起，新冠肺炎蔓延，我的想法也產生了少許變化——「不只菁英，所有人都應理解民族」。

因為疾病在全球大流行，使各種問題都浮上檯面。那就是「別人把自己國家的病毒帶進來」這種偏見所造成的歧視與切割。

因為新冠肺炎的傳染起源地是中國武漢，導致歐美人對亞洲人的歧視變得更加嚴重，排他主義在全球掀起一陣風潮，從某個角度來說，這會成為比傳染源更加可怕的威脅。

疾病在全球流行，也讓人聚焦於貧富差距。能在家遠端工作，且收入沒受影響的富裕階層，與從事運輸、食品製造販售、醫療等必要工作（Essential work）的低所得階層，生活出現極大差異。

美國的低所得階層以黑人等有色人種居多，其他國家的難民與移民也面臨更嚴苛的經濟困境，這使得貧富差距與種族、民族問題越難以切割。

也就是說，即使生活在同一個國家，面對新冠肺炎的處境，仍會產生明顯的差距。歧視、偏見、貧富差距、隔閡與存活在世界上的所有人息息相關，**這使我認為**

不只菁英，每個人都應理解民族。

我在浮現這種想法時，邂逅了美佳子．布雷迪（Mikako Brady）的《我是黃，也是白，還帶著一點藍》，這本書的故事背景是英國的前底層中學，是一部在書中講述關於擁有日本人母親與愛爾蘭人父親的男孩，在多元環境中成長的非虛構作品。

這本書清楚說明「sympathy」與「empathy」之間的差異，按照本書的說法，sympathy（同情）是「感情、行為、理解」，而empathy（同理）則是「理性機能、能力」。

——也就是說，同情是人類遇到可憐人、有困擾的人、與自己意見相同的人所抱持的感情，不必特別努力也會自然產生。但同理卻不同。是面對理念或信念與自己不同的人、不怎麼可憐的人時，去想像對方想法的能力。因此同情或許可以說是種感情狀態，同理則是理性的機能。

兩者都是人類不可或缺的要素，但是同理——「努力理解文化、宗教與立場皆異的民族」，對身處尊重多樣化社會的我們來說，十分必要。

如果大家都很像、不太爭執、語言沒有太大差異……人們會**因缺乏多元而變得無知，想像力變得貧乏。多元能孕育嶄新文化，可以說是創新的根源。**

民族是包括語言、宗教、歷史與藝術文化的龐大主題，我在書中盡可能的整理重點。

第一部

現代人必備的民族地圖

第1章

民族不等於種族，也非國籍

在二〇一九年舉辦的世界盃橄欖球賽上，我帶著喜悅低喃：「日本也走到這一步了！」橄欖球在日本屬於冷門的運動，如今日本代表隊竟然打進前八強。但是我說的這句話，並非指戰績，而是日本代表隊成員們的面孔——組成代表隊的成員來自不同種族、民族。這令我興起「日本終於要迎向多元時代」的預感，所以忍不出說出那句話。

只要符合以下三個條件中的其中一項，世界橄欖球總會就認定「具有代表該國的資格」，是不太執著國籍等的寬鬆條件。

1出生在該國或該地區。
2雙親或祖父母其中一人出生在該國或該地區。
3居住在該國或該地區長達五年以上（按：二〇一九年規定是三年，二〇二〇年十二月三十一日起改為五年）。

不只橄欖球賽，我也從東京奧運最終聖火跑者大坂直美、掌旗官八村壘等選手的臉孔中，感受到多元時代。只要想起這些活躍於世界各地的運動選手，就可以明白「日本人都是黑髮黑瞳的東亞模樣」這個概念已成為過去式。

民族和種族不一樣

有些人看到世界盃橄欖球賽日本代表隊的臉孔時，會覺得奇怪，或許是因為他們誤以為「同國籍的人，來自相同種族」。

種族是按照骨骼、皮膚、毛髮、眼睛色彩等外型形態分類出的團體，最具代表性的就是高加索人種（Caucasoid，白種人）、尼格羅人種（Negroid，黑種人）與蒙古人種（Mongoloid，黃種人）等，此外還有跳脫前述分類的澳洲人種等。據說世界是到十六世紀左右，才認知到這樣的種族分類。

但是請特別留意，儘管談的是人「種（race）」，但是這種不可隨意分類的種族，與生物學上的「種（species）」有所差異。即使擁有相同的DNA，外表仍會為了適應環境而產生變化。據說數千年來都住在炎熱地帶的古人，皮膚為了適應強烈紫外線，會變黑；在寒冷地帶居住的古人，眼皮會變厚、身高也較高。

近年來「從生物學來說並無人種區分，無論是哪一個種族都同樣屬於智人（Homo sapiens）」的思維，在學術界中才是正確答案。

美國，比起民族更重視種族

美國是種族意識強烈的國家之一。

在美國，進行輿論調查時，除了詢問受訪者的年齡與性別，還會問「你是什麼人種？」其選項為「白人、黑人、亞裔、西班牙裔與美洲原住民」等，通常不會進一步提問：「亞裔中的中國裔還是越南裔？」、「白人當中的德裔或愛爾蘭裔？」——自我認同方面主要以種族當作分類依據。

這只是我的推測——對於移民大國美國來說，擁有來自不同國家或地區的移民是理所當然的事情，所以就不需要特別強調了。另一方面，歐洲國家原本以白人為主，後來也出現了黑人國家，而美國的黑人人口比例高於歐洲，而且黑人也是建國時的社會重要成員。

根據美國普查局（United States Census Bureau）在二〇二〇年的調查，美國人口中，白人占五七．八%、中南美裔占一七．四%、黑人占一二．四%、亞裔則為五．二%。詳情會在第十一章進一步介紹，總之現在住在美國的黑人當中，很多人的祖先，都是在堪稱人類史上最大汙點的奴隸制度下被強行帶來的。從白人警察對黑人施暴事件、新冠肺炎醫療現場的對待差異等不平等新聞中，能明顯看出種族歧視至今仍然持續著。

美國的種族問題造成貧富差距與對立結構。在該問題未獲解決的美國裡，比起民族，人們更加重視種族。

民族，不等於國籍、國民

民族一詞其實相當曖昧，我們很難明確定義它。即使從英文的角度來思考，仍沒有完美對應的詞彙，可選擇的有 ethnicity、ethnic group、nation 等單字，不同研究者對此有不同的解釋。有時民族也可以包含人種（race）的意思。

詢問不同國籍的人「屬於什麼民族」時，得到的答案也五花八門。

「這是無法簡單說明的複雜概念。」非洲盧安達人這麼回答。盧安達人曾在一九九四年經歷過民族屠殺，因此這裡呈現不敢探討民族問題的氛圍（按：該事件是指盧安達種族大屠殺。盧安達人主要分為三個族群：胡圖族、圖西族和特瓦族。在這場屠殺中，全副武裝的胡圖族軍人大肆屠戮部分溫和派胡圖族人、特瓦族人以及作為少數族裔的圖西族人。關於此次種族滅絕的遇害人數，學術界廣為人所接受的數字是五十萬到八十萬人）。

我與精通英文的印度人討論民族時，對方無法理解我在說什麼：「民族到底是什麼？我知道 Ethnic group 這個字，但是不曉得具體是什麼意思。是指語言相同的人嗎？印度一向認為語言相同，就屬於同一族。」

我還聽過其他人表示：「民族也有 nation 的意思吧？」查詢 nation，確實會出現「國家、國民、民族」。但這個單字源自於法文以及更古老的拉丁語，「國家、國民」的意思比較強烈，所以我認為與民族分開思考會比較好。

在日本，民族和國民的同質性相當高，所以大多數日本人不會特別區分，認為「民族與國民一樣」。但是在國際間，許多人認為，若把民族跟國籍劃上等號，總覺得不對勁，因為很多人跟前文提到的馬斯克一樣，屬於多重國籍者。

請各位先理解一件事：世界上有許多國家與美國一樣，只要在某地出生，就能取得當地國籍。

回溯一、兩百年前的歷史，會發現當時「國家」的型態與現在完全不同。

舉例來說，現在的印尼住著超過兩百個民族，只是因為剛好荷蘭過去將語言豐富的地區，劃分為一個行政區，以人工的方式匯集成一個叫做「印尼」的國家。但是，對當地居民來說，這個行政劃分只是形式，所以起初很難對國家產生歸屬感。這樣的情況不只發生在印尼，擁有被殖民歷史的亞洲與非洲裡，也有許多面臨相同情況的國家與地區。對他們來說「民族等於國籍」這個觀念很不可思議。

觀賞足球比賽時，我們可以注意到，越來越多人移民到德國，所以德國隊伍中，土耳其裔德國人逐漸增加，而且相當活躍。世界盃足球會依國籍決定可參加的國家代表隊，因此也有人認為「擁有德國國籍的德國國民」與「來自土耳其的土耳其人」，可以出現在同一個人身上。

歐洲各國、美國、新加坡與馬來西亞，也有很多人抱持相同的觀念。從這個角度來看，會發現日本人屬於少數派。此外，近年不同種族或民族之間的通婚增加，使彼此間的界線更加模糊。

因此，**提升民族偏差值的第一步，就是不把國民、國籍（nation、nationality）與民族（ethicity、ethnic group）混為一談**。

「國民」，在法國大革命中誕生

這裡稍微補充一下定義，**國民**一般是指組成國家的正統成員總體，大多數都是指擁有該國家國籍的人。據說**這個概念誕生於十八世紀末的法國大革命**。

法國大革命中廢除王政時，為了整合人們而打造出「國民」概念。當時還設計出規則：「歸屬於法國者均為法國國民，應說法語、遵守法國規範」——嚴格來說**這就是近代國家的誕生**。

此前，許多王族分布在歐洲各地並統治。法國大革命前的法國統治者為波旁王朝，各地區有各自的領主，語言與習慣不同，到處都是混著德國與法國文化的複雜地區，例如亞爾薩斯（按：法國東北角的一個狹長地區，也是法國的舊大區）。不管怎麼說，對平民而言，國王與領主都是遙遠的存在。但領主是每年繳納租稅的對象，會對平民產生直接影響。與其說領主跟平民一樣是國民，不如說是「平民的統治者」。

十八世紀末期，歐洲版圖頻繁變動，國王與領主也不斷換人當。

舉例來說，代代居住在波蘭的人可能會這麼表示：「我爺爺那一代，雖然動不動就爆發戰爭，但波蘭國王似乎還存在。只是到了父親的時代，普魯士、奧地利與俄羅斯瓜分了波蘭的土地，正式消滅這個國家。看來我們應該是屬於普魯士王國，畢竟領主是普魯士的人，每年的租稅也都繳到那邊去……」波蘭因在一七七二年、一七九三年與一七九五年，三度遭大國蹂躪、瓜分而消失。這種強國間的權力遊戲，造成了小國的國境界線頻繁變動。

試著對照這樣的現實，國民這個概念很難在所有人之間迅速傳開，當時缺乏

「國家、國民」意識也是可想而知。

漢語的民族概念，日本人先用

直到江戶時代（一六〇三年至一八六七年）為止，日本人雖然會區分本國（日本）與外國，但「國家、國民」的觀念還很薄弱。生活在偏鄉的人民，恐怕只知道「江戶有一個統治日本的將軍」而已，不過他們應該能認知「自己住在薩摩國（按：古日本的地方行政機關之一），是薩摩人」。庶民會繳納年貢給藩（按：日本江戶時代，幕藩體制對將軍家直屬領地以外大名〔有較大地域的領主〕領國的非正式稱呼），各藩武士宣誓效忠的對象，也是所屬的藩，而非江戶幕府。

有專家認為：「從某個角度來說，漢語中的民族概念，是日本人開始正式使用的。」日本在明治維新時期開始對外展開侵略，所以才會開始使用「日本民族」，這位專家認為，這是今日「民族」一詞的起源。

從這個角度來看，**日本人在較近期才產生「民族」概念。**

第2章

民族的構成：言語、文化、宗教

民族的定義五花八門。足以代表二十世紀知識分子之一的人類社會家艾尼斯特・葛爾納（Ernest Gellner），在世界名著《國族與國族主義》（*Nations and Nationalism*）中提到：「**民族定義蘊含的困難度，大於國家定義相關事物**……民族與國家一樣是偶然的產物，並非普遍且必然。」

我和許多精通日文的英文母語人士經過重重討論後，很多人得出的結論是：「民族應該與語言、文化歸在同一類，因此『ethnic group，等於民族』。」

因此本書對**民族的定義**如下：**在語言、文化、生活習慣或血緣等領域，有普遍同胞或夥伴意識的族群，具流動性、多層性等特性**。

這裡藉左圖說明民族與國民的關係——國民中會有多個民族（民族1、2、3），其中的某個民族（民族2）也包含著其他國籍的國民。

語言與文化的關係，如同雞與蛋

「使用相同語言」是民族定義中不可或缺的條件——這是我從前文提到與印度

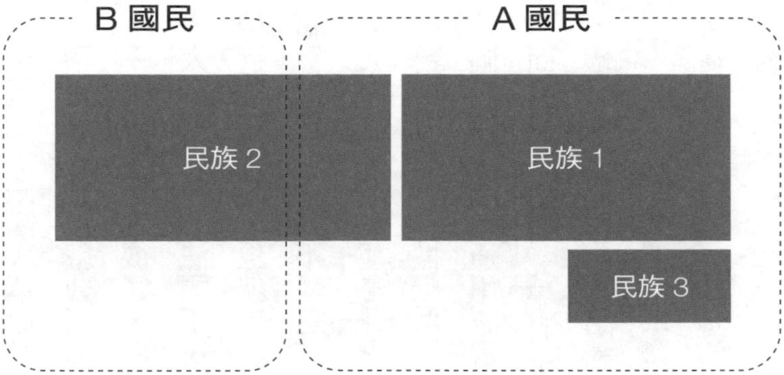

▲「民族」與「國民」的關係示意圖。

人的討論中，獲得的提示。另一位印度人聽到討論後，表示：「原來如此，因我會說坦米爾語，所以覺得自己是坦米爾民族。」

印度於一九四七年獨立後，重新劃分曾隸屬英國的地區。由於印度是使用了兩百多種語言的混沌多民族國家，所以當時依語言重新分區。

語言不同，人的文化與習慣也會不同，這可以認為是文化與習慣造成語言產生變化。**語言與文化的關係猶如雞與蛋，但是擁有同胞、夥伴意識的同時，「使用相同語言」仍是民族中非常重要的軸心。**團結民族的歌曲、詞彙與演說等，如果不是自己的母語，就很難將大家的心凝聚在一起。

事實上，法國大革命後的十九世紀，法國政府為了將人們凝聚成「近代國家法國的國民」，語言就成了強大的工具。

「雖說方言也很好，但是法國國民都說法語吧！」

大革命以前的法國平民，習慣說著各地的方言。儘管是法語的方言，實際上比較接近現代德語。也就是說，在當時的法國，存在像關西腔與東京腔這種尚能溝通的語言，也有「聽不懂對方在講什麼」的巨大語言差別（按：日文在關東與關西地區在用語、語尾、重音等都有不同。舉例來說，就像臺語發音有南北差異）。

另一方面，中世紀歐洲在天主教或學問場合等，都使用拉丁語。雖然現在只有梵蒂岡以拉丁語為通用語言，但是維基百科與社群網站等，仍可以切換成拉丁語版本，而且拉丁語研究學者至今健在。就連我於一九九九年出席的劍橋大學畢業典禮，儀式中也使用拉丁語。

（按：拉丁語是印歐語系的義大利語族語言，於古羅馬廣泛使用。雖然現在拉丁語通常被認為是一種死語言，也有一部分人認為是瀕危語言，但拉丁語在梵蒂岡仍被列為官方語言之一。

（此外，仍有少數基督教神職人員及學者可以流利使用拉丁語。羅馬天主教傳統上，用拉丁語作為正式會議和禮拜儀式用的語言，此外，許多西方國家的大學、高中仍提供有關拉丁語的課程。在英語和其他西方語言創造新詞的過程中，拉丁語一直得以使用。）

如同東亞的漢語與阿拉伯的阿拉伯語，仍屬於「地區的官方語言」。也就是說，以前語言分成兩種：一種是人們在日常交流中使用的「國內方言」，另一種則是在國際學術等場合使用，如「拉丁語、阿拉伯語與漢語等的「國際語言」。

語言經常在變化，語系沒有絕對

日語、英語等語言分屬不同語系。所謂的語系，定義如下：發生且發展自同一個起源，有同一系統的語言使用者族群（按：語言學上的語系為語言系屬單位，從民族角度探討時，才會視為族群使用）。

但是要理解全貌卻相當困難，因為**語言會受到影響且經常變化**。事實上，本書原文使用的名詞中，就包括了從英語轉化成日語的詞彙，或是受到其他語言影響的和製英語（按：看似外來語，實際上為日本創造的詞彙）。

以日文為例，這些近年才誕生的新用語很好理解，但像阿伊努語中的神（kamui）與日語的神（kami）發音相似，儘管可以推測「可能是在某個時代造成影響」，卻仍無法確認，日語與阿伊努語中「神」一詞的來源是否相同，或者是某個時代互相影響造成的。

像阿伊努語這種沒有文字的語言，蘊含許多連語言學家都苦惱不知該如何分類的要素。專家至今仍在努力研究語言。

此外，日本人在看韓劇時，有時會發現某些用詞「和日語一樣」。雖說日韓距離相近且歷史上交流頻繁，會有共通用詞也不奇怪，但有一些因素，讓我們無法如此斷定這兩種語言來自同一語系。

相信對語言有興趣的讀者，也會對比較語言學的書籍等有興趣，但對於忙碌的商務人士來說，要理解語言的全貌相當困難。

本書為了幫助各位概略掌握語系這個民族組成要素，僅介紹最小限度的重點。此外，也請各位理解**語言不斷在變化，仍處於尚有許多研究空間**，所以要有「語系沒有絕對」認知。

最知名的代表性語系為下列三個：

1. 印歐語系

就是大半歐洲與大半印度（尤其是北印度）在使用的語言，位在中東但偏近歐洲的伊朗使用的波斯語，就屬於印歐語系。

印歐語系之下又細分數個語族，我建議記下的主要三個，是因為這三個語族對現今歐洲、政治、文化影響深遠，是決定民族時不可欠缺的要素：

- 日耳曼語族。
- 拉丁語族。
- 斯拉夫語族。

德語、荷蘭語、丹麥語、瑞典語、挪威語等北歐語言以及英語，都屬於日耳曼語族。

而拉丁語族，主要有法語、西班牙語、葡萄牙語、義大利語與羅馬尼亞語。法國歷史上的法蘭克王國屬於日耳曼語族（更早之前是凱爾特語族），但是漸漸逐漸受到拉丁語的影響，進而轉變成拉丁語族。

斯拉夫語族，包括俄羅斯語、烏克蘭語與白羅斯語（按：白羅斯即白俄羅斯共和國，過去簡稱白俄羅斯或白俄。但之後政府官方表示，白羅斯才是正確的縮寫譯名）。前南斯拉夫的塞爾維亞語與克羅埃西亞語、波士尼亞語，也屬於其分支，波蘭語和捷克語亦是。

從俄羅斯與蘇聯衛星國（按：指一個在政治、經濟和軍事上，都受外國很大影響及支配的獨立國家，是從屬國的一類。衛星國一詞在冷戰期間，主要指在中歐和東歐，受蘇聯影響的共產主義國家）的關係即可看出，他們地理相近又屬同一語系，文化共通點很多時候會互相影響。另一方面，歐洲人與說著印地語的印度人之間，則毫無「我們都是印歐語族，所以很相似」的感覺。

回溯歷史，可以看見印歐語族是從高加索地區往外傳播，可想而知，這裡與印歐語族的根源有關。但是受到時間與空間隔閡影響，在不同地區演變成截然不同的語言，民族特徵上的差異也隨之擴大。儘管同一語族互學語言會比較輕鬆，但是說著英語的美國，和說著波斯語的伊朗別說親近了，自一九七九年的伊朗伊斯蘭革命後就形成不共戴天的關係。

（按：由於沙阿〔伊朗國王〕政權憑著出口石油，賺取巨額利潤和龐大軍事力量，已平穩統治伊朗數十年，並深得強國的支持。但因伊朗民眾不滿沙阿施政和石油危機，於是發起反對伊朗君主體制的大規模示威活動，罷工及示威活動癱瘓了整個國家，最後沙阿被迫流亡海外。

〔因不滿流亡的沙阿到美國就醫，一些激進的穆斯林闖入美國大使館引發人質危機。美國拒絕引渡沙阿回伊朗，革命領袖何梅尼認為美國收容壓迫伊朗人的沙阿是暴行，忽視伊朗人的感受，因此支持脅持人質，該事件導致雙方的外交關係中斷。原本的伊朗是美國在中東的主要代理人，但事後卻變成美國的主要敵人，作為對人質危機的回應，美國凍結了伊朗的資產，並實施禁運等措施。）

雖然語族是將民族牽繫在一起的要素之一，卻不是絕對的要素。即使屬於同一個語族，也未必能組成一個民族，彼此間的關係也會受到文化差異、歷史摩擦與政治因素的積累而惡化。

2. 亞非語系

該語系主要是中東與非洲使用的語言。其中，阿拉伯語、希伯來語、安哈拉語等，現在還有人在使用，但埃及語（並非現在使用的阿拉伯語埃及方言）、阿卡德語、腓尼基語等，據說已經是「出了語言學家或歷史學家的研究室，就完全滅絕的語言」。

因為宗教因素，阿拉伯語、希伯來語得以保留到現在，且大範圍的被使用。《舊約聖經》是用希伯來文撰寫，《可蘭經》則是用阿拉伯文撰寫，其影響力之大，可以說是冠絕其他語言。世界三大一神教（基督教、猶太教、伊斯蘭教）的聖典中，就有《舊約聖經》與《可蘭經》使用了亞非語系的語言。

《舊約聖經》中的阿拉伯人與希伯來人是兄弟，並依此延伸出去。而伊斯蘭教的阿拉伯語與猶太教的希伯來語，屬於相同語系，顯然是從某個地方產生出的分支，從這點來看與《舊約聖經》一致；從語言來看，希伯來語與阿拉伯語相近，互相學習很輕鬆。乍看很冷門的語系，實際上卻對世界擁有莫大的影響力，因此，我建議可以多加認識。

此外，現在人們不太用閃語（按：亞非語系的一個分支）的原因，是閃語已經遭否定。

3. 阿爾泰語系

舊稱為烏拉爾—阿爾泰語系。在過去，世界三大語系是「印歐語族、閃語系，以及圖蘭語系（按：屬烏拉爾語系、阿爾泰語系）」。但近來的學說認為，烏拉爾語系與阿爾泰語系是各自獨立的語言。

語系就像這樣，還有許多不清楚的部分，出現有力學說時，分類會跟著變動，這也是我認為「人們只要**概略掌握語系**即可」的根據。

阿爾泰語系分成突厥語系（土耳其語等）、蒙古語系（蒙古語等）、通古斯語系。曾被認為與阿爾泰語系相近的烏拉爾語系，則有芬蘭語族、愛沙尼亞語族，以及俄羅斯北邊使用的薩米語族。此外，世界上還有許多其他語系和語族存在。

有人認為日語、朝鮮／韓語、阿伊努語都歸類在阿爾泰語系，但是尚無明確的結論。

從漢字等方面對日語帶來莫大影響的漢語（中文），屬於漢藏語系（漢語、藏語、緬甸語等），但是日語不符合這個語系，尚處於「語系不詳」的狀態，或者是被歸類為「日語系」，和琉球語一起被稱為「日本─琉球語系」。從民族構成要素之一──語系的角度來看，我們只要理解「除了主要三大語系外，還有漢藏語系（漢語）」即可。

儘管日本還有阿伊努語，但擁有日本國籍的人幾乎使用日語。使用單一語言且不屬於任何語系，或許也是造成日本民族偏差值較低的原因之一。

順道一提，出生後自然學會的語言，稱為「母語」，與「母國語」不同。兒童模仿周遭人的語言，進而習得語言能力，因此，通常會以雙親使用的語言為母語。

以「住在日本，且國籍也是日本，但是在家都說阿拉伯語的埃及人夫妻」為例，孩子的母語是阿拉伯語，即使這孩子後來也習得同樣流利的日語，母語仍然是阿拉伯語。雖然孩子的自我認同會按照自身的想法而異，但從最單純的角度來說，這個在日本出生地與成長的孩子，「母語是阿拉伯語，母國語則是日語」。

由於日本人中，持有日本國籍且母語為日語的人占多數，因此有時會搞混母國語與母語的差別，但是放眼全球，就會發現母國語與母語一致的情況較少見。

宗教，影響文化、思想與政治

宗教，是指認同神或超越人智的存在，並制定教義或戒律。宗教對人類的文化、藝術、生活習慣、儀式與思想造成莫大影響。**要定義民族時，宗教是不可忽視的要素，尤其在特定民族裡，宗教具有格外重要的意義。**

舉例來說，伊斯蘭教對阿拉伯各國來說，與法律、文化、生活密不可分。此外，在屬於君主立憲制的英國中，伊莉莎白二世（Elizabeth II）沒有統治國家的主權，卻是英國國教會（Church of England）的掌權者；而信奉猶太教的人，均被視為猶太人（猶太民族）。

以色列是專為猶太教與猶太民族建立的國家，擁有許多非裔猶太人移民。我最後一次造訪以色列是二〇一八年，印象中，每次造訪都有街上越來越多黑人。他們很多都是二〇〇〇年代前，從衣索比亞等非洲國家搬來的猶太人子孫。在歷史上，他們因與其他種族通婚，或為了適應環境而使外表有所變化，後來終於回到以色列——雖然無從證明他們的「猶太血統」，但是因為同樣信奉猶太教，所以同屬於猶太民族。

也有像土耳其、希臘、印度與巴基斯坦一樣，「用宗教差異劃分國家與民族的界線」。

鄂圖曼帝國（以前稱為鄂圖曼土耳其，但是畢竟不是土耳其，所以改稱為鄂圖曼帝國）與希臘，就是用宗教劃分國家與民族的國家。

從前的鄂圖曼帝國有許多語言與宗教共存，皇帝是伊斯蘭教教徒，其妻與母親通常曾經信奉基督教。從現代俄羅斯一帶搶來美女後送進後宮，美女被皇帝臨幸後生下小孩……打從出生就是基督教教徒的歐洲人，似乎通常會在後宮被臨幸的時間點，皈依伊斯蘭教。因此，從歷代鄂圖曼帝國的皇帝肖像畫中，可以發現其輪廓比起中東人更像歐洲人。民間同樣有伊斯蘭教教徒與基督教教徒通婚，這使得很多現在居住在土耳其的土耳其人，擁有與歐洲人無異的外表（相較之下，住在中亞的土耳其裔，則較多擁有亞洲人臉孔）。

曾經的多元化國家鄂圖曼帝國滅亡，一九二三年形成近代凱末爾・阿塔圖克（Kemal Atatürk）統治的土耳其，當時土耳其與希臘達成了交換居民的協議：「所有伊斯蘭教教徒，即使血統為希臘裔，仍屬於土耳其人，所以應居住在土耳其。信奉基督教者無論血統為何，都應住在希臘。」

也就是說，統治者們用宗教將人們分成兩國，因此儘管雙方長年來反覆征戰，**土耳其罕有基督教教徒，希臘也不太會有伊斯蘭教教徒**。住在這兩個國家的人，已經形成了依宗教區分的「民族」。

即使語言相同，文化、習慣也相當接近，卻會因為宗教而成為不同的民族，不僅如此，宗教還成為激烈紛爭的導火線。典型的例子就是波士尼亞與赫塞哥維納

（按：簡稱波赫。行政及管理上，被分成兩個政治實體：波赫聯邦、塞族共和國。雙方各自統領一半的國土，擁有自己的首都、議會等）的紛爭，儘管住在同一個國家，卻曾因信仰的宗教不同而互相殺害。前面已經提過很多次，宗教與言語、文化、生活習慣都密不可分，有時甚至可能引發民族紛爭，是民族構成要素中非常重要的因素。

但即使同為基督教，也有天主教與基督新教之分，然而在德國，雖然信徒各半，卻沒有分成基督新教裔德國人與天主教裔德國人等兩種民族。雖然**宗教是決定民族的重要關鍵，卻不是決定民族的唯一要素。**

政治正確——人們容易踩到的國際地雷

民族是非常敏感的主題，無論什麼時代，都會出現源自於血統、種族、出身地與宗教的歧視或偏見，也曾有過侵略、屠殺、戰爭、紛爭、殖民地統治與奴隸化這種負面歷史。這方面的判斷當然需要全方位的考量，所以這裡介紹絕對要注意的三件事，作為第一部結尾。

1. 避免使用部落

有人認為tribe（部落）是禁語。該詞通常指非洲或中東在經濟上較落後的部落，所以要避免使用。

另一方面，我有一位目標是加入國際機構的烏干達人朋友，他總是爽快的說著：「烏干達裡有部落（tribe）。」

我問：「不要用tribe，改用ethnic group比較好吧？」

聽到我的提問後，對方表示：「因為規模太小，只能用部落表達了。」

此外，英語媒體有時也會使用tribe。

住在阿拉伯半島的人則很常使用qabila（阿拉伯語，指部落）。由於那裡至今仍是部落社會，因此對他們來說部落等於擴大版的家族，即使關係遙遠仍有某部分的血脈相連，在商務上也會有「既然是同部落的人，就多寬待一點吧」的場面。

因此儘管tribe在討論正事的場合，有當成禁語避免使用的規矩，但是還是請各位了解「部落這個概念」依舊存在。

2.「印地安」是擦邊球

二〇二一年有一則新聞：美國職業棒球大聯盟的印地安人隊，因「印地安人」（Indios）具有歧視意味而改名。不過當地人對此似乎仍未達成共識，也有原住民表示：「印地安人這個詞哪裡有問題？」

如各位所知，印地安是大航海時代，航海家誤將美洲當成印度而誕生的稱呼，長年來都受到使用。不過要指稱美國原住民的話，使用Native American會比較適當。舉例來說，美國副總統賀錦麗（Kamala Harris，美國開國以來首位女副總統。其相關故事，可見《賀錦麗：活出勇氣，我從不客氣》〔大是文化出版〕）的演說中，就使用了美國原住民一詞。

要注意的是，即使人們自稱時會用某些歧視語，其他人也絕對不可以使用。舉例來說，黑人可能會在某些情況自稱「黑鬼／尼哥」（Nigger），但是絕對不允許非黑人者對著黑人說出黑鬼。

至於中南美洲，以前也稱原住民為「印地安人」，但因具有歧視意義，所以改成美洲原住民（Indígena）了。

3. 不要隨便詢問民族

很多人對民族引以為傲是事實，但隨意詢問民族與根源卻很危險，請**避免詢問黑人客戶：「你來自哪裡？祖先從事什麼工作？」**因為這就像逼他們說出「被奴隸船載來，遭遇許多殘酷的事情」一樣。

此外，有些人從名字等得知對方是法裔時，會想透過「你是天主教對吧？就像法國貴族一樣，好棒喔！」來炒熱氣氛，但在法國，有巴斯克地區這種分成法國領土與西班牙領土地複雜地區，若對方來自該處可能會不曉得該怎麼回答。對部分的人來說，詢問對方出身地只是閒聊，通常會帶來正向的對話內容，但是這在國際上卻是很敏感的問題。

順帶一提，我曾看過一個例子：德裔美國人聽到「你的祖先來自德國哪裡？」一這個問題感到非常疑惑，因為對當事人而言，祖先從德國過來，已經是一百多年前的事情了。他說：「我自認是徹徹底底的美國人，所以聽到刻意提及德國的問題，會覺得不開心。」

還有其他情況：愛爾蘭人雖然對民族感到驕傲，但有時會因曾受歧視，而認為「因為我來自愛爾蘭，大家就把我當笨蛋」；猶太人中，也有人已經改名，期望能夠融入現居國。

記得隨時注意，要避免隨意詢問有關民族與根源的問題。

第二部

亞洲，
多民族融合後的結局

第3章

東亞：受中國影響（打壓）最嚴重

亞洲的界線眾說紛紜，有些歐洲人認為土耳其以東全是亞洲，根據日本外務省的定義，東亞、東南亞以及至巴基斯坦的南亞，都屬於亞洲，阿拉伯、伊朗與土耳其則不屬於亞洲（按：根據臺灣外交部分類，阿拉伯、伊朗與土耳其屬於亞洲）。

中國，是一強多弱國

東亞中，中國在歷史上擁有莫大影響力。儘管屬於多民族國家，卻總有一個民族所向無敵，而這正是中國的民族特徵。在達九百六十萬平方公里的巨大國土中，漢族占人口約九二%，剩下八%由五十五個少數民族組成，屬於一強多弱的國家。

少數民族中，人口較多的有壯族、滿族與回族等。

壯族多半居住在廣西壯族自治區（中國的五個自治區之一，通稱廣西，簡稱桂）與雲南省等地，並保有民族語言壯語；滿族居住在名為滿州的東北部中心，但是會說滿語的人減少，逐漸與漢族同化；回族的外表、語言與漢族相同，但是信仰伊斯蘭教。漢語曾將伊斯蘭教稱為回教，就是從回族衍生而來的（顧及伊斯蘭教徒，現在已經不使用回教一詞）。

在思考中國少數民族時，千萬別忘了中國與維吾爾族、藏族之間的紛爭。或許光用紛爭一詞，無法精準表達維吾爾族、藏族所受到的非人道打壓，這已經是嚴重的國際問題。因此要理解中國民族時，請從兩個重點出發：

1. 為什麼漢族能成為獨強的民族？
2. 為什麼那麼多少數民族，只有維吾爾族與藏族會受到嚴重迫害？

只要能理解這兩點，就能從民族的視角，認識對歷史有長遠影響，且今後也會對經濟與地理造成莫大影響的中國。

曾受統治的漢族，變成最強中國民族

在西元前三世紀的秦朝，中國第一次被統一。

以始皇帝修築萬里長城而聞名的秦國，僅十五年就滅亡。後來，在楚國項羽與漢王劉邦為爭奪統治權而掀起的戰爭（楚漢戰爭）中，由劉邦獲勝，創建漢朝⋯⋯這一段故事因透過許多小說、漫畫與電視劇廣為人知。漢朝（西漢與東漢）統治長達四百年，期間發展出高度文化，而承接這個文化的人們則被稱作漢族。

接下來的晉朝皇帝也是漢族，但是後來連續出現隋、唐、宋、元等幾個漢族以外的皇帝（皇帝的出身眾說紛紜）。十四世紀又展開了由漢族創建的明朝，但是最後的王朝——清朝皇帝卻是女真族（滿族）。也就是說，漢族長年來都被擁有其他民族血統的皇帝統治。

然而，最終卻是統治者所屬的其他民族接受漢化，這個結果饒富興味。幾乎都被統治的漢族，為什麼至今都屬於中國的中心？我認為有兩大理由：

1. 人數

人口壓倒性的多，是漢族能持續位處中國中心的最簡單理由。漢族現在人口占全球人口近兩成，在秦漢時代為六千萬人左右。雖然人口會隨著其他民族的統治而有所增減，但在十八世紀結束時，漢族已達兩億人口。十九世紀清朝統治下中國安定，糧食問題也獲得改善，使人口突破四億。

目前漢族以中國、臺灣與新加坡為主，約達十四億人。

2. 漢字

漢族創造出來的漢字用在官方文書並形成文化。流傳至現代的優秀思想書籍，如《老子》等；李白與杜甫等無數詩人創作的詩歌；印度傳進中國後翻譯而成的佛教經典……都是用漢字撰寫。無論是什麼皇帝執政，人們成為官僚前最難關卡——科舉，都必須用漢文作答。政府所留下的文書資料，也全部用漢文記載。「文人、政治家與當權者都要精通漢字」——這在中國歷代王朝是理所當然的事。

當然，因為中國的領土廣大，平民說的話會有地區差異。現在的北京話與廣東話也相差甚遠，但是書寫用語從古至今都是漢文，因此無論哪個地區的人，都能讀懂漢文。儘管宗教因素並不強烈，但由漢字形成的漢文，作為壓倒性的「共通語言」，與《可蘭經》使用的阿拉伯文，及前面介紹過的拉丁語所處地位相似。

擁有文化與語言上的最強工具漢字，正是漢族能持續位居中心的理由之一。

對於打贏漢族後建築首都的少數民族來說，比起從零開始創造獨有文化，在建構王朝時，直接運用已經普及的漢族文化，更方便統治人數眾多的漢族。

此外，這些少數民族帶來特有的風俗文化與漢族文化融合，漢族與執政民族的混血，這些因素影響今日以漢族為主體的中國。也就是說，漢族不僅原本就擁有漢字，還融入了各式各樣的文化，使中國文化更加成熟並提升。

華北，至今受到異族壓迫；華南，漢族文化盛開

不管在過去或是現代，中國的華北與華南極為不同。周邊住著北方游牧民族的華北，必須防禦外族的攻擊，因此成為軍事與政治據點。萬里長城坐落在華北就是一大證據。

在漫長的歷史中，**儘管是近代的中國國民黨時代等，曾將軍事據點南移，但基本上仍是「軍事與政治在華北，經濟在華南」**。與周邊民族紛爭較少的華南（包括

上海、南京的地區）隨著經濟發展，與各式各樣的文化融合之餘，漢族的藝術文化也越趨成熟。據說科舉合格人數也比較多。我曾向上海出身的商務人士學習中文、中國文化與歷史，當時就感受到上海人對於「身為南部人」感到驕傲。

南部地區──也就是現在的廣州有其他文化隔海傳入，這裡擁有國際港口，唐宋時期有伊斯蘭商人、明朝有葡萄牙商人進出，在中國對抗歐美列強而鎖國的清朝後半，唯一開港的地方就是廣州。如歷史課所教，經鴉片戰爭締結南京條約後，廣州附近的香港割讓給英國。而今日的廣州有伊斯蘭教的清真寺和許多非洲人，是洋溢著異國風情的地帶。

此外，中國的內陸地區也有更細微的文化差異。不管怎麼說，擁有漢字的漢族文化在融合各式少數民族的文化後，可以說是變得更加豐富了。

中國打壓藏族與維吾爾族，動搖國際政治

現在的中國對非漢族的鎮壓，已形成國際問題。

第二次世界大戰後，中國成為共產黨國家，為了對抗各國，其政府採取民族融合政策，認同少數民族的存在及在居住地的自治權，藉此壯大國土與人民。

認同本就存在的民族，打造巨大的中國——乍看是攬入多元概念的優秀政策，實際情況卻沒這麼簡單。漢族所居住的內陸與沿岸，與少數民族居住的山岳地區、北方之間的經濟落差，曾大得完全無法與現代比擬。此外，**融合不過是個名義，實際上中國共產黨執行許多打壓政策**。這些政策就像「你家所有東西都歸中國所有，你在家中想做什麼都無所謂，總之你家是中國的一部分」，想當然，不可能所有民族都願意遵從。

反彈並起義的正是維吾爾族與藏族。

位在中國最西側的新疆維吾爾自治區，被稱為「現代集中營」。據說由共產黨政府打造的居住設施，從二〇一七年起的三年間，已經強制收容多達一百萬名維吾爾人。

「中國產的棉花超過八成，都是由他們強制勞動所生產的。」

「你穿的T恤，說不定是因為有他們的犧牲，才能這麼便宜。」

這樣的新聞在日本討論得相當熱烈。

維吾爾族幾乎都是伊斯蘭教徒，政治、文化與生活都深受宗教影響，這點加劇他們與漢族之間的摩擦。新疆維吾爾自治區位在離北京很遙遠的中亞，原本維吾爾人是隸屬於巨大帝國——維吾爾國（回鶻汗國）的游牧民族，維吾爾國滅亡後移居東西突厥斯坦，與當地的人通婚後，於西元十世紀左右伊斯蘭化（按：也稱綠化，在歷史學上通常指一個社區或社會整體，向伊斯蘭教信仰轉變的過程），進而成為現在的維吾爾人。

他們以伊斯蘭教徒的身分，維持具自我文化的生活直到十九世紀，卻在清朝末期被設為新疆省，漢族因為「人口劇增導致土地不足」而不斷移入。

他人闖入自己的家園居住，還擅自劃為其他政權的領地——維吾爾族當然會感到抗拒。更何況他們一直過著以伊斯蘭教為主的生活，肯定會受不了現在被視為異教徒。

最後終於演變成獨立運動，並於一九三三年與一九四四年實現獨立，卻都在短時間內就滅亡。到了一九九〇年代，更是發生了有死傷的抗議示威、他國伊斯蘭主義者也介入的紛爭。但是問題至今仍未解決，抵抗運動仍持續著。

個人認為中國堅持打壓維吾爾族的理由有二。

一是政治。擔心追求分離的異議分子會對國家產生威脅，中國亟欲成為以漢族為主的中華國家，想吞併香港、臺灣，以成為世界霸主。所以無論規模如何，中國都不允許企圖獨立的民族存在，如此一來，才能避免仿效的民族或地區出現。

二是宗教。因維吾爾族信仰伊斯蘭教。伊斯蘭教徒之間擁有堪稱「穆斯林民族」的跨國羈絆，維吾爾族中有人加入激進組織的伊斯蘭國（The Islamic State，簡稱IS）成為戰士，因此中國也想避免新疆維吾爾成為激進伊斯蘭運動的據點。

藏族同樣被共產黨政府視為問題。

藏族主要分布在中國西藏。在歷史上，唐朝吐蕃（藏族祖先）為獨立國家，已經建立起特有的文化圈。藏族遭清朝併吞後又獨立失敗的經歷，與維吾爾族非常相似。西藏地理位置與印度相鄰，關係密切，因此藏傳佛教最崇高的高僧兼精神領袖達賴喇嘛，選擇逃亡印度，並以該處為據點的選擇也不奇怪。

共產黨政府同樣在西藏推動漢化，打壓民族特有的文化，這也是擔心獨特的文化會帶來獨立運動等所致。

與中國人做生意時，**維吾爾與西藏的問題，是與天安門事件等並列的禁忌話題**。若絲毫不明白如此情勢就發言，會釀成嚴重的問題。從SDGs（按：聯合國的永續發展目標）角度來看，企業購買強制維吾爾族勞動而栽培出的棉花，會引來國際社會的強烈抨擊。因此對商務人士來說，維吾爾與西藏的問題是必須先確實了解清楚的重要問題。

曾是史上最大國，蒙古

和維吾爾族一樣，在「尊重少數民族」的名義下，遭共產黨政府鎮壓的還有其他例子。二〇二〇年就有新聞指出「內蒙古自治區小學禁止教授蒙古語」，政府企圖藉由漢字，使少數民族中國化，是威脅少數民族獨立的政策。因為如第一部所述，語言是構成民族的重大要素。

與內蒙古屬於不同國家的，則是蒙古國。我造訪時，蒙古已經展開都市化，但仍保有生活在草原蒙古包中的生活習慣。

我們不能僅隱約知道「他們是生活在蒙古包的樸素游牧民族，出了許多相撲」，必須更加理解他們的民族性。因為一二〇六年由成吉思汗（見左圖）建立的蒙古帝國，是史上最大的超大國家。現在朝鮮半島至四分之一東歐，都是當時蒙古帝國的領土，其影響至今仍殘留在世界各地。

蒙古族是游牧民族，發源地與土耳其接近。儘管成吉思汗時代發展成凌駕於亞歷山大大帝的強國，統治了世界各地，後來仍遭中國與俄羅斯分食，呈現矛盾狀態（ambivalence）。

「曾是最大的帝國」這種蒙古族的驕傲，並未化為強烈的尊嚴流傳至現代。畢竟是太過古老的事情，根據我實際與蒙古人交談的感覺，他們雖然對自己的民族感到驕傲，卻也認為帝國的光輝已成了歷史。

蒙古族對世界造成的影響中，殘存至今的是「亞洲風情」。

舉例來說，由於蒙古帝國曾經稱霸俄羅斯，因此有很多俄羅斯人都是蒙古裔，或者是曾受蒙古統治的土耳其裔。此外，**俄羅斯曾被稱為「歐洲裡的亞洲」**，除了

▲成吉思汗（1162-1227）。蒙古族在成吉思汗時代，成為凌駕亞歷山大大帝的強國。

地理條件，曾受蒙古帝國統治也是原因之一。

此外，印度的蒙兀兒帝國是蒙古人後裔所建造的國家，蒙兀兒一詞源自於波斯語中的蒙古。自阿拔斯帝國後軍事實力衰退的阿拉伯，也被蒙古與土耳其統治過。雖然蒙古（察合台汗國與伊兒汗國）在宗教上，受阿拉伯影響而伊斯蘭化，但原本屬於閃姆（按：起源於阿拉伯半島和敘利亞沙漠的游牧民族）裔民族的阿拉伯人，卻隱約帶有亞洲文化，或許也是受到蒙古的影響吧。

也就是說，透過與印度、中東及歐洲等遼闊地區統治階層通婚，蒙古將亞洲帶來的影響賦予該國文化中。

朝鮮半島，遭週邊國侵略一百次以上

思考東亞民族時，不能忽視朝鮮半島。現在的韓國（南韓）與朝鮮（北韓），除了中國裔居民與近年來訪的外國人，幾乎都可以說是單一民族。

南北韓於一九四五年才從日本殖民統治中獨立，並以北緯三十八度線為界分成兩個國家，因此民族並無差異。儘管國家體制不同，七十年的分隔不至於造成民族變革，但還是發生了一個家庭遭南北分散的悲劇。

我會在第十四章談論住在日本的韓國人與朝鮮人，現在，我們應先了解韓國與朝鮮民族的關鍵：中國存在朝鮮民族。此外，朝鮮與中國之間的國境線，也有許多「因為剛好住在中國這一側，所以就變成中國人」的案例。

我以前任職的大學研究室裡也有朝鮮裔中國人，他認為「自己是中國人」，他說：「雖然我會講朝鮮語，我卻出生在中國，母語是中文。所以我是中國人，但是要問我民族的話，我會回答朝鮮裔。」中國的戶口上會記載姓名、出生年月日、出生地、國籍與民族等，或許他的戶口上就寫著朝鮮民族。

中國人與朝鮮人的外表非常相似，等到了第二代、第三代，連母語都變成中文時，就會逐漸與中國人同化。此外，朝鮮民族的定義五花八門，一般是指漫長歷史中，原本就待在朝鮮半島的朝鮮人，以及長年與滿族逐漸通婚的民族。

第二次世界大戰前，日本侵略並統治了朝鮮半島，但事實上，朝鮮人在這之前就曾遭其他民族侵略與統治。

朝鮮半島上第一個統一國家，是四世紀左右的高句麗，從領土來看擴及現在的中國一部分。後來高句麗出身者創立了渤海國，甚至還有類似遣唐使的遣渤海使。

從日本人的角度來看，渤海國屬於滿州國家，「曾是位在中國大陸的國家之一」；從韓國人的角度來看，渤海國「與高句麗同樣都是朝鮮民族的國家」。有人認為高句麗本身就是滿族國家，但畢竟朝鮮民族本來就是朝鮮人與滿人混合而成的，因此「兩種認知都正確」。

歷史上的正解眾說紛紜，雖說那不是本書目標，不過還請理解下列兩大重點：

1. 朝鮮民族曾被侵略、統治，在那段歷史裡，他們籠罩在緊張氣氛之中。

2. 朝鮮民族在地理與歷史上，都比日本更受中國的影響。

朝鮮民族在七世紀時面臨大唐帝國的進攻，十世紀的高麗受大元帝國統治，朝鮮王朝時代（又稱李氏朝鮮，一三九二年至一八九七年）又數度遭女真族侵略。十六世紀，豐臣秀吉也跨海攻打朝鮮，後來朝鮮更遭日本併吞……韓國人與朝鮮人是被侵略超過百次的民族，因此與他國之間的關係緊繃，也是理所當然的。

香港人是漢族，但不是中華民族

綜觀東亞民族，可以發現沒有未受漢族影響的民族，而且現在的中國共產黨也打算以漢族為主，打造出包含少數民族的這個全新民族——「中華民族」。

因被列入中華民族而感到反感的，不只維吾爾族與藏族，長年與海外交流、離清朝中期起唯一的開港都市廣州很近的香港，也相當抗拒。

香港人多半是漢族，但除了擁有與北京、上海不同的廣東文化外，還增加了鴉片戰爭後受英國統治所帶來的英語文化。香港在一九九七年回歸中國之前，長年脫離了北京政府的統治。詢問香港人「你是否為漢族」時，得到的答案應該都是肯定的。與其說廣東話和中文是不同語言，不如說廣東話更像方言，漢字也在香港相當普及，飲食與風俗習慣也屬於漢族。

但問香港人「你是否為中華民族？」時，或許大多數人心理都覺得複雜吧。香港是世界公認的國際都市，且歷史上未受共產主義的影響，人民擁有自我認同與尊嚴。這樣的他們被列為共產黨政府政治宣傳用的「中華民族」時，會產生強烈反彈也是可以理解的。

「**世界紛爭，源自於民族問題**」是事實，但這並非同一個民族就會團結一致的單純事情。從這個角度來看，香港與西藏、維吾爾的立場也很相似。

中國慷慨，是為了支配其他國家

我在專為商務人士辦理的研修上，經常被問到跟中國有關的問題，個人從國際關係的角度來看，在某種意義上，沒有比中國更慷慨的國家了。當然，他們是為了國家的利益而撒錢，同時也會索求回報。

以新冠肺炎的疫苗為例。雖說效果似乎有疑慮，不過中國卻以無償或是低廉價格，提供疫苗給非洲等新興國家。這當然是為了在聯合國大會等各種的國際社會，贏得支持。

歷史上也有紀錄，中國給予遣唐使「比貢品多上好幾倍的賞賜」。無論是哪一個王朝，中國似乎都盛大款待了日本或朝鮮來的使者。

我也曾聽過這樣的意見：「您說他們慷慨，但中國卻精打細算的從日本獲取政府開發援助（按：Official Development Assistance，縮寫為ＯＤＡ。已開發國家對開發中國家的經濟援助）。」但這是日本的見解，站在中國的角度，這是放棄中日戰爭與第二次世界大戰應獲得的賠償後，所獲得的「小小代價」。

雖然有人表示：「他們有許多國民被日本人殺害或虐待，原本可以索求足以摧毀日本的鉅額賠償。既然都放棄權利了，拿了區區的ＯＤＡ應該也無妨。」如果當時的日本確實支付中國鉅額賠償金，那麼財政會面臨困難，一九七〇年代至一九八〇年代的高度經濟成長，或許會面臨嚴苛考驗。可能大幅改變現在的日本樣貌。

現在的中國對開發中國家慷慨，尤其非洲各國更有大量中華資金流入。

「**中國想透過債務陷阱外交支配其他國家。**」雖有這樣的批評與反彈，但在開發中國家中，也有對此讚賞的聲音。**中國的影響力已跨出中亞，擴展到全世界了。**

儒教，打造中國人的現實思想

此外，中國人的特徵之一就是現實（勢利）、功利主義。前面提到的慷慨，也是為了追求包括滿足尊嚴在內的回報等利益。

相對於擅長哲學思考的印度人，中國人重視實用性。儘管中國古代出過諸子百家、明朝的陽明學等，對世界思想史造成巨大影響的思想家，但是他們在中國卻有如異類。畢竟**在近代接觸西方之前，漢語可是沒有哲學一詞**。

我一直在思考，這種現實思想的成因為何，**最後想出的可能原因是儒教**。儒教不太探討死後的事情，論述內容都是在現實世界的處世之道。

當然，裡面也提到對他人體貼（仁）的重要性等，因此，絕對不是指「功利，等於為所欲為」。但相較於基督教與伊斯蘭教的基本教義，是死後等待著世人的最後審判，**儒教將重點放在現世功利與成功上**。

漫長的中國歷史中，存在為錄取官吏而舉辦的科舉考試，從中國各地網羅優秀人才，這樣的做法就是偏向功利。畢竟這場考試太過困難，合格後仍得應付激烈的競爭，才能夠出人頭地。

中國各地皆有在考試或出人頭地的競爭中失敗後，反而以詩人身分大獲成功的人。舉例來說，唐朝白居易雖然在科舉中合格，卻沒能出人頭地，結果懷才不遇時期與辭官後，留下了許多經典作品；唐朝杜甫在科舉多次落第，過了四十歲好不容易當上官，卻被捲入政治爭鬥，結果在苦境當中創作了許多詩。

在世界首屈一指的文學作品——舊體詩（按：是中國古典詩歌中「詩」的部分，使用中國漢語並依據傳統中國詩歌格律創作。包含樂府詩、絕句與律詩等），或許正是功利科舉的副產品。

臺灣與中國不可混在一起思考

臺灣在地理上屬於東亞國家，從民族的角度來思考時，在漢族來到臺灣前，居住此地的人們偏近東南亞國家。在這樣的情況下，若隨口說出：「臺灣雖然因為政治問題成為獨立國家，但是終究還是中國的一部分。」就會踩到地雷。

不得不說，這是明顯知識不足的意見，因為臺灣原本就是靠近東南亞島嶼區域，且有各式民族居住的獨立國家。漢族移民到臺灣前，臺灣民族較接近菲律賓、印尼與馬來西亞。

現在的臺灣是多民族國家，除了漢族，光是獲得政府認證的就有十六個少數民族（見下頁圖）。大多數的少數民族，都是原本就住在臺灣的人。

漢族在十七世紀正式移居臺灣。

母親為日本人的明朝軍人鄭成功，在國家被大清帝國摧毀後，建立的新據點正是臺灣。鄭成功趕走了當時統治臺灣的荷蘭東印度公司，在臺灣被視為歷史英雄，他是我在與臺灣商務人士談話時，會盡量提到的人物，包括其擁有日本血統一事。

▲臺灣原住民之一：阿美族。

日本江戶時代的戲作家近松門左衛門就以鄭成功為原型，創作《國姓爺合戰》，後來更以淨琉璃（按：日本傳統人偶劇）與歌舞伎的形式上演。儘管有不符史實的地方，但該戲劇在日本大受歡迎，所以很適合當成話題。

反抗滿人國家——大清帝國的人們也追隨鄭成功，從中國本土移居臺灣——這正是漢族人口在臺灣增加的第一個時期。後來臺灣遭大清帝國併吞，漢族人口又進一步增加。由於地理位置接近的關係，有許多來自福建省的漢族。

漢族人口在臺灣大量增加的第二個時期，是第二次世界大戰後。蔣介石率領的中華民國——南京國民政府軍，來到甲午戰爭後受到日本統治的臺灣。

當時的臺灣已有大量漢族，他們原以為同為漢族的政權會比日本政權好，事實卻並非如此。國家的權力都遭這些中國來的新漢族（外省人）獨占，原本住在臺灣的漢族（本省人）遭排除於核心之外。少數民族受到歧視，治安也變得混亂。因此形成「中國來的國民政府軍（外省人）vs.本省人以及少數民族組成的臺灣隊伍」的對立結構，並發生了二二八事件。但是臺灣隊伍的反抗卻遭武力鎮壓，甚至到一九八七年都受戒嚴令控制。

看見這樣的歷史，就知道**中國與臺灣在政治上對立是理所當然的，兩者各為不同國家，也是顯而易見**。第二次世界大戰後從中國移居而來的人，至今仍與中國有連結，再加上同樣使用北京話（按：指北京市區的使用的方言。雖然普通話〔現代標準漢語〕以北方方言為基礎，以北京音為基準音，但實際上北京話和普通話仍存在差異）的關係，經濟方面同樣與中國本土維持強烈的關係性。

事實上，臺商在中國本土也大獲成功。也就是說，以商務人士的角度看待中國與臺灣的關係時，「不可以隨便視為同一民族」、「將政治與經濟視為兩碼子事，著眼於商務上的交流」，這兩個觀點是不可或缺的。

臺灣的語言有標準語——中文（普通話）、臺語（國民黨來臺以前的臺灣漢族語言，源自於福建省）、原住民的各種語言（但是使用者非常少，有消失的危機），可以說是三層結構。**臺灣也是亞洲第一個同性婚姻合法化的國家，很重視多元環境，但是作為多民族國家的生存之路卻不好走。**

舉例來說，臺灣第十二、十三任總統馬英九，雖然是哈佛大學畢業的菁英，卻得聘僱家庭教師學習臺語。他出生在香港，出生後沒多久就搬到臺灣並在此成長，卻不會講臺語。

儘管臺灣漢族人口多卻來源各異，也不想與中國同化。

第4章

東南亞：這裡是宗教大熔爐

菲律賓、馬來西亞與印尼的民族系統相近，語系也相同。儘管如此卻以不同國家的形象深植人心，是因為其在殖民地時代受到不同國家統治。

菲律賓因宗教成為獨立民族

十四世紀前的菲律賓受到與伊斯蘭商人交易的影響，成為伊斯蘭教徒的國家。後來十六世紀開啟大航海時代，探險家麥哲倫（Ferdinand Magellan）來到菲律賓，在西班牙的統治下，當地人們被迫皈依天主教。

儘管大多數菲律賓人都成為天主教徒了，但菲律賓第二大島民答那峨島等南部地區，仍有伊斯蘭教徒。

菲律賓前總統杜特蒂（Rodrigo Duterte）就是出生於南部地區，家族裡也有伊斯蘭教徒。因此相較於歷任總統，杜特蒂對伊斯蘭教徒較為寬容。隨著不同民族與宗教間持續通婚，整體社會也變得寬容，這種現象在其他地區也可以看見。想必這在思考今後的世界時，也是值得參考的一個視角。

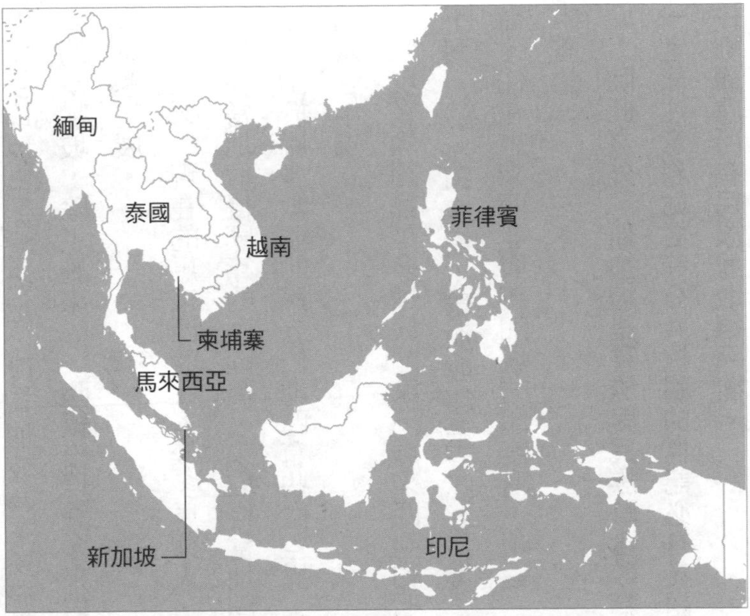

▲ 東南亞國家的地理位置。

新加坡是民族融合範本

十四世紀的馬來西亞，許多馬來裔伊斯蘭教徒住在麻六甲蘇丹國，但在十六世紀遭葡萄牙統治，十七世紀落入荷蘭手中，十九世紀又換成英國殖民。由於馬來西亞是位處貿易要衝的海洋國家，才會成為這三個國家的目標。

馬來西亞與新加坡原本是同一個國家。

在英國殖民時代，英國東印度公司的史丹佛・萊佛士（

Stamford Raffles）決定，以新加坡為主要據點展開大規模貿易。這使原本人口很少的新加坡，除了馬來人，陸續出現許多來自中國與印度的移民，進而為新加坡帶來急遽發展。

結果，現在的馬來西亞住了較多馬來人，新加坡則以中國裔華人較多（華人指的是在當地取得國籍的中國裔，未取得當地國籍的稱為華僑），並大量居住在東南亞。由於屬多數派的民族依地區有些微差異，形成馬來人與華人對立。新加坡在一九六五年獨立。

現在兩國都是多民族國家，馬來西亞約七〇%人口是馬來裔，約二〇%華裔與不到一〇%印度裔；新加坡超過七〇%華裔、一五%馬來裔以及不到一〇%印度裔。住在馬來西亞與新加坡的印度裔，超過一半都是達羅毗荼裔坦米爾人，說著坦米爾語。

除此之外，新加坡是種族與民族融合較為順利的國家之一。只要前往新加坡，一定能注意到站名等公共機關的標記必有英語、坦米爾語、馬來語與中文等，政府仔細顧慮所有民族並取得平衡。

新加坡經濟得以發展至此，作為一個多民族國家大獲成功，第一任總理李光耀功不可沒，他為了剛獨立的年輕國家新加坡的繁榮，推動了英語化。據說這個政策也參考劍橋大學提供的建議：「缺乏資源與產業的新加坡，應強化國際金融業與服務業，為此英語是必須的。」

把英語設定成官方語言，是十分優秀的國策。因為對坦米爾人、中國人與馬來人來說，英語是外文。母語與官方語言之間的距離，對每個民族來說都是相同的，所以，無論是誰在語言上都不會特別不利。

▲ 新加坡第一任總理李光耀（1923-2015）。為了國家繁榮，他把英文設定為官方語言。

李光耀出生於獨立前的馬來西亞，是祖父那一代移居至此的漢族，出身菁英世家。他自幼接受高階教育、精通英語，如果他對漢族這個根源有所堅持，而將中文訂為官方語言的話，恐怕就沒有今日的新加坡了。

新加坡以法律嚴格聞名，嚴格到觀光資訊會特別提到「嚼口香糖會遭罰款，應特別留意！」的地步。

因為新加坡是由許多價值觀不同的人組成的複雜聚落，難以產生默契或秩序，所以李光耀才會設置這麼多規則。此外，他還耗費大筆資金培育優秀人才，之後再聘請對方加入政府。

雖然新加坡仍存在歧視問題，媒體也曾報導過印度裔居民遭到差別待遇，新加坡的菁英階層以中國裔占大多數，也是不爭的事實。**但是與其他國家相比，這裡的歧視程度卻非常小**，在李光耀過世之後，國家也展現出「不允許種族歧視」的強烈決心。

順道一提，由於現在的馬來西亞對中國裔國家新加坡有所反彈，於是馬來西亞採取優待馬來人的政策。政治家與官僚都以馬來人居多，企業家與資產家則以華裔居多，分工明確。

印尼：靠語言統一多民族

馬來西亞與印尼同屬南島語系，語言非常相似。不過，學過印尼語的內人對此表示：「雖然去馬來西亞時可以用印尼語溝通，但彼此仍有不同，聽不懂的詞像山一樣多。」

馬來西亞與印尼均屬伊斯蘭教，民族方面也很相近，據說這兩個國家以前使用的語言更是相似。如果當年他們是被同一個國家統治的話，現在可能會是同一個國家。但現實是馬來西亞由英國統治，印尼則被荷蘭統治，因此成了不同的國家，語言也各異。

印尼有超過三百個民族，他們開始出現「我們是印尼民族」認知是在二十世紀之後。在五世紀至十五世紀期間的印尼，在爪哇島、蘇門答臘與婆羅洲等島嶼誕生無數個王國，在此之前，從未像現在一樣統一整個印尼。

直到荷蘭到來，將其視為一個殖民地，並祭出「讓當地人受教育」的方針，優秀人才得以前往荷蘭大學接受培訓。就這樣，成為知識分子的學生中，開始出現認為「我們應整合成一個國家、一個民族」的團體，進而展開獨立運動。

這時他們利用語言。以許多居民使用的馬來系語言為基礎，創造了新的官方語言「印尼語」，企圖團結兩百個截然不同的民族。第二次世界大戰中，印尼成為日本的殖民地，後來在一九四五年獨立，成為印度尼西亞共和國。放眼全球，印尼算是很年輕的國家。

從整體來看，**印尼現有九成的居民都是伊斯蘭教徒**。因為十三世紀與伊斯蘭商人交易而伊斯蘭化的過程，與馬來西亞等周邊國家相同。

我在外務省任職時期曾派駐中東，住在信仰伊斯蘭教埃及人的家中。當時的我造訪已被聯合國教育、科學及文化組織（United Nations Educational, Scientific and Cultural Organization，縮寫為UNESCO）列入世界遺產的爪哇島婆羅浮屠遺址——石造佛教寺院群（見左圖），我覺得那個景象很不可思議。

因屬於一神教的伊斯蘭教不認同其他宗教，也禁止偶像崇拜。若伊斯蘭國家裡，有其他宗教或原始宗教的建築物、石像等，通常會被破壞殆盡。不過，因住在印尼峇里島的人民都信奉印度教，所以這裡仍保有婆羅浮屠遺址這樣的佛教寺院。

▲ 婆羅浮屠遺址——石造佛教寺院群。

西元前一世紀傳來的印度教，與七世紀傳來的佛教，都在伊斯蘭化後仍保有痕跡，由此可以感受到古代交流中印度的影響力——相較於伊斯蘭性質，我認為這更展現了能夠接受各種事物的亞洲文化特色。

我想，像印尼這種年輕的國家，能整合靠的不只是官方語言，還包括亞洲特有的寬容。

越南，美國打不贏的國家

越南是圍繞南海的多民族國家之一，共有五十四個民族，但是以京族

（越族）居多，占整體約八五%。越南從漢朝起長年受到中國統治，深受其影響。舉例來說，**東南亞國家中，只有越南信奉大乘佛教，這也是中國帶來的文化。**

此外，儘管他們說越南語，但過去對應的文字卻是漢字。以前的越南政府中樞與知識分子會使用漢字或喃字（按：以漢字為素材，運用形聲、會意、假借等造字方式，來表達越南語的文字），但沒有給一般人使用的文字。**直到一九四五年，越南成為社會主義國家時，才放棄漢字，改使用全音素文字**（按：為表音文字之一，以音素為單位的文字）。

其實不只越南，還有其他國家也放棄原本使用的文字，例如：土耳其在鄂圖曼帝國滅亡時，將阿拉伯文字改成全音素文字；韓國跟越南一樣，原本只有知識分子使用漢字，一般人沒有文字可用，所以十五世紀時，朝鮮王朝的第四代國王世宗大王，便制定韓古爾（按：朝鮮字母的官方譯名）。現代韓國文字以韓古爾為主，雖然姓名等有時會標出漢字，但是已經不太使用了。

其他使用全音素文字的國家，如非洲等，是原本的語言沒有文字所致。有人認為越南放棄漢字，單純是政治因素，藉此表示對中國的反彈。

越南人的特徵之一是很有毅力，他們藉由毅力，強忍痛苦打贏越南戰爭。**綜觀歷史，他們是少數美國打不贏的國家**。越南以許多技能實習生（按：日本培訓外國技術人員，以便向開發中國家轉移日本的技術）與日本企業大量設廠聞名。越南與鄰近的寮國、柬埔寨不同，屬於人口大國，是今後會與日本關係更進一步的民族。

泰國，有中國裔、印度裔、山地部落與馬來裔

構成泰國的人口幾乎都是泰族。但是他們**不是原本就住在這裡的固有民族，而是許多民族混合而成的**。

有自古以來就住在此地的山地部落與馬來裔民族，此外，由於泰國位在印度與中國的中間地帶，因此也有印度裔民族，再加上約六世紀從中國雲南省移居過來的民族也融入當地，這些人形成了今日的泰族。

檢視泰國民族的同時，我們能發現**東亞與東南亞的國家，幾乎都受中國影響。或許是因為擁有多民族，泰族混合了許多文化、宗教與習慣**。舉例來說，雖然

九成以上的泰族都是佛教徒，但是要特別留意，**泰國南方也有人信仰伊斯蘭教**。比起同樣佛教徒眾多的緬甸鎮壓信仰伊斯蘭教的羅興亞族，泰國並未排斥其他信仰到這種地步。我認為政府從一九八〇年代開始的多文化政策，應該有一定影響。

在亞洲國家，只有泰國與日本從未當過殖民地。日本是受惠於地理位置，但泰國不是。從地理政治學來看，與泰國相鄰的緬甸曾被英國統治，印度則被法國統治，照理說泰國被當成殖民地並不奇怪，但這裡作為緩衝地帶，微妙的取得平衡，徹底保有自治權。

另外，由於泰國在第二次世界大戰支持日本，就算戰後領土被聯合國軍隊瓜分，也是很正常的事，但泰國卻倖免於難。

可能的理由有泰國國王是優秀領袖、政治手腕巧妙等。個人的分析是，由於泰族是由許多人匯集而成的民族，所以在國際政治中生存的外交手腕格外出色。事實上，**泰國在國際場合也被稱為「善於遊走在各國之間的國家」**。

由於他們沒經歷過極端的統治或屠殺歷史，所以展現出悠閒、寬容的氣息——飲食等文化或許也是因此綻放。這種寬容性使他們對LGBTQ+（按：指女同性戀者〔Lesbian〕、男同性戀者〔Gay〕、雙性戀者〔Bisexual〕、跨性別者〔Transgender〕以及對性別認同感到疑惑者〔Questioning〕，＋則表示其他更多的無限可能）的人們較為寬厚（並非完全沒有歧視，求職時仍存在差別待遇）。

現在的泰國是君主立憲制。上一任國王蒲美蓬（Bhumibol Adulyadej）就集國民敬愛於一身，二〇一六年駕崩時，國民均穿上黑衣服喪。但是現在的瓦吉拉隆功（Vajiralongkorn）國王卻因特異的言行遭到批評，國內經常發生要求改革君主制的示威遊行。無論國家運作多麼順利，因為領袖而動搖的情況屢見不鮮。

緬甸的民族主義，爆發羅興亞問題

緬甸是由緬族、撣族、克倫族、孟族、羅興亞族……各民族組成的多民族國家。**現在全世界的非人道民族問題中，羅興亞族與維吾爾族的規模最大。**

雖然葉門內戰（按：葉門自二〇一四年起進行至今的內戰，兩個集團及其支持者各自宣稱代表葉門政府）非常嚴重的人道危機，但是相較於民族問題，這更偏向因伊斯蘭教遜尼派與什葉派對立，而造成的宗教問題，可以說是沙烏地阿拉伯與伊朗的代理戰爭。但是維吾爾族與羅興亞族則是不折不扣的民族問題。

我於二〇一九年曾造訪緬甸視察，試著訪談當地的政府相關人士、媒體以及商務人士。當時的我越想深入探討羅興亞問題，所有人越是輕描淡寫，這份態度令我驚訝。

羅興亞族是信仰伊斯蘭教的少數民族，雖然無法確定是否為正確數字，據說緬甸有八十萬名羅興亞族、孟加拉人民共和國則有四十萬名。從沒有明確國籍且居住在各地等特點來看，羅興亞族與歐洲的羅姆人（按：也稱為吉普賽人，為起源於印度北部，散居全世界的流浪民族）相當類似。

儘管緬甸人口現在有近七〇％是緬族，這裡仍舊屬於多民族國家。歷經數個王國後又成為英國的殖民地，直到一九四八年才完成獨立，然而政局不穩的緬甸又於一九六二年爆發軍事政變。此軍事政權宣布了「緬甸式社會主義」並否定少數群體，相對於占九〇％的佛教徒，屬於少數派的伊斯蘭教徒——羅興亞族被視為非法滯留而慘遭迫害。

（按：緬甸式社會主義是在政變後不久，以聯邦革命委員會所寫的經濟論述，作為經濟發展藍圖，減少外國在緬甸的影響，並增加軍隊的作用。然而，多數學者認為緬甸式社會主義是一個封閉、貧窮、排外的失敗政策，令緬甸從亞洲最繁榮的國家之一，成為世界最貧窮的國家之一。）

羅興亞族支持當時對抗軍事政權、追求民主化的國務資政（按：緬甸自二〇一六年起設立的政治職務，其地位被外界視為相當於實行議會制前的緬甸總理）翁山蘇姬（Aung San Suu Kyi），因此觸動了軍方的逆鱗，遭到更嚴重的鎮壓。

據說一九九〇年代只剩下三十萬人的羅興亞族，為尋求活路欲前往孟加拉人民共和國，卻遭拒絕並遣返回緬甸。接著緬甸聲稱「羅興亞族是孟加拉人民共和國來的非法移民」、「這些沒有國籍的人，不是我們的國民」，並將他們送進難民營。一部分的羅興亞人組成武裝勢力與緬甸軍發生衝突，甚至造成了傷亡。泰國、馬來西亞等周邊國家也拒絕接受羅興亞族，讓他們無處可去。

從國際角度來看，一個民族會被視為無國籍者，很明顯是對民族的歧視，是不被容許的人道問題。但是我訪問的緬甸人們都大言不慚表示：「驅趕沒有國籍的非法移民是理所當然的，他們偷竊、掠奪，才過分。」甚至還斬釘截鐵的說：「是歐美的媒體搞錯了。」

儘管我造訪緬甸時同行的日本商務人士表示：「日本企業對緬甸很有興趣，但是羅興亞問題鬧到這個地步，會讓人對投資感到猶豫。」緬甸方仍反駁道：「我國沒有羅興亞這個民族，所以沒有問題。」、「緬甸是多民族國家，有撣族、克倫族以及孟族，所以我們沒有民族間的歧視。」

儘管視察團成員聽得目瞪口呆，但這就是緬甸人的見解。聽著緬甸人的話，我不禁覺得這與印度的種姓制度很像。初見面的印度人告訴我：「雖然印度有種姓制度，但是沒有歧視問題。」隨著我和印度人關係變得親近後，他們坦承：「其實還是有種姓歧視的問題。」

但是羅興亞問題已經超越單純的歧視想法。由於這不是伊斯蘭基本教義而是佛教基本教義，宗教問題也糾纏其中，使問題更加嚴重並陷入膠著。

宗教與語言同樣都是構成民族的重要因素。

會產生令人難以容忍的羅興亞問題，就是緬甸人在宗教上否定其他民族。

二〇二一年二月，儘管翁山蘇姬曾獲得諾貝爾和平獎，但她仍在國軍政變中遭到監禁。

我執筆本書時，翁山蘇姬仍處於被監禁的狀態且尚看不見解決的曙光。由於反國軍行動也可能連結到特定民族，因此無法預測今後的發展，但是仍應仔細留意民族問題不穩定性，會造成政治不穩定的事實。

第5章

南亞：多面貌的印度文化世界

幾乎整個南亞都屬於印度文化圈。

「從文化層面來看，巴基斯坦也與印度一樣。」我的伊斯蘭教徒巴基斯坦朋友曾這麼表示。**印度文化圈是以南亞為中心**，自古代一直延續至今。

印度：東洋、西洋、伊斯蘭共存的世界

近代的印度文化圈，可分成印度、巴基斯坦與孟加拉人民共和國等南亞幾個國家，因此本章將以印度為中心說明。

有些人誤解「印度文化圈指的是單一民族。」其實，光是**印度的民族多樣性就足以與歐洲匹敵**，由此可知，印度文化其實很豐富。

我在針對商務人士的演講與研修中，經常這樣表示：「**印度就是與東洋、西洋並存的『中洋』國家。**」

這並非學術方面的定義，而是我以「印度不在亞洲東邊，也不是以基督教為主的西方國家，而是有許多事物共存的中間型國家」這樣的感覺在使用。雖然是很少

見的表達方式，但我調查後發現，日本國立民族學博物館第一任館長梅棹忠夫，也說過同樣的話。

外交世界在探討國際會議時，會使用「雙邊」（按：兩國之間，bilateral）與「多邊」（按：三個或三個以上國家之間，multilateral）。多邊通常有這種傾向：歐洲國家聯繫歐洲國家、亞洲國家聯繫亞洲國家，或伊斯蘭國家聯繫伊斯蘭國家。

但以我的經驗來說，**印度意外與每個團體都有適度的連結。在多邊商務會議中，印度人經常身處眾人之間的位置。**

▲ 南印度國家位置關係。

就像有些人班上存在「不

屬於任何小團體，但是與愛玩團體、文靜同學們都能和平共處的學生」。現在回想起來，這些人不僅交流能力非常高，或許也擁有獨特的實力。

印度人口超越中國只是時間問題，經濟發展的可能性也很大。此外，在這個會與各式各樣對象交手的時代，印度的「中洋」角色存在感肯定會增加。

此外，**印度**有一個特色，就是**「國會議員聚在一起時，無法用單一語言討論」**。或許是我孤陋寡聞，儘管世界如此遼闊，除了印度外，我從未聽過有這樣的國家存在。

一般來說，少數民族出身的國會議員在參與議會時，會使用官方語言而非母語。換句話說，他們具備使用官方語言和人議論的語言能力。

但在印度，卻存在不懂印度語（聯邦官方語言）的南部出身國會議員。儘管有「印度獨立後十五年，英語就不再是官方語言」這個大前提，但是南部達羅毗荼民族強烈反對僅以印地語作為官方語言。

透過電視觀看現在的印度國會，能看到某議員用印地語發言時，達羅毗荼裔議員毫無反應的模樣。直到英語口譯翻譯後，達羅毗荼裔議員才會開始做筆記。由此可知，使用坦米爾語等南部達羅毗荼語系的人群聽不懂印地語。因此印度將英語當作準官方語言（接近官方語言）使用，我想這充分展現出印度多樣化的一面。

多民族國家印度的憲法，訂有「二十二種法定受保護語言」。由於印度依基本語言重新劃分邦（按：印度的行政區劃分成二十八個邦、八個聯邦屬地、德里國家首都轄區。各邦都有各自的民選首長，首都轄區與邦處相同的地位，而聯邦屬地則由中央政府直接管轄），因此「語言等於邦」。一個邦裡的所有人都會使用該邦的官方語言，因此印度人自我介紹表示「我是A邦出身」時，通常能解讀「這個人的母語是A語，屬於A民族」，而這可以說是印度的特徵。

北部雅利安裔與南部達羅毗荼裔

印度民族可概分成北部的雅利安裔與南部的達羅毗荼裔。

據信，源自於高加索的印歐語系者，有一部分進入印度與亞洲大陸，成為雅利安裔，征服原本住在此處的達羅毗荼裔等，之後又慢慢南下。因此達羅毗荼裔多半住在南部，並說著達羅毗荼語系的坦米爾語等其他語系的語言。

有些人聽到說明後，會誤以為「達羅毗荼語系是被統治的立場，所以南部比較落後嗎？」因為首都新德里、德里與孟買等大都市都在北部，屬於印地語圈，所以很多人會有印度以北部為中心的印象。

但是現在的印度南部不斷發展，經濟以驚人速度突飛猛進。科技產業據點——邦加魯魯（舊名為邦加羅爾）與海德拉巴都在南部。有許多日本企業進駐的清奈，是坦米爾人的據點，汽車產業相當發達。

我對印度的印象是，南部曾受葡萄牙人統治，建築物等受到歐洲的影響比較強烈；北部曾被伊斯蘭教的蒙兀兒帝國統治，所以伊斯蘭教造成的影響比較大。也曾有伊斯蘭教徒從阿富汗、伊朗、巴基斯坦到來北部。

此外，英國殖民時代將據點設在孟買、孟加拉等沿海都市，因此沿海地區的港口與建築物都還保有英國風情。

種姓制度：影響職業選擇和婚姻

種姓制度在印度稱為瓦爾那（Varna），這是將人們概分成四個等級的身分階級制度。地位由高至低分別是婆羅門、剎帝利、吠舍與首陀羅，最底層則是名為達利特人（Dalit），曾被稱為「賤民（穢不可觸，untauchable）」，受到嚴重的歧視。儘管現在歧視已經沒有以前那麼嚴重，但仍非過去式。用英文討論時，請使用達利特人，避免稱其為賤民。

除了瓦爾那之外，還有名為賈蒂（jāti）的職業分類，據說細分成了數千種。基本上賈蒂的身分會由父母傳給孩子，所以限制了人們選擇職業的自由。現實中的婚姻也受到種姓制度深深的制約。

如前所述，儘管印度人在說客套話時會否定種姓制度，但是熟悉之後，他們仍會說出真心話。當然，**主動詢問「你是哪個階級？」是極沒常識跟失禮的行為，但以我的經驗來說，會像這樣「我家是剎帝利」閒聊提到階級的人，通常是種姓制度上較高階者。**

有些印度人為了擺脫身處種姓制度低階的困境，而改信其他宗教，例如，有些人會因為「佛教的門檻比伊斯蘭教低」而決定皈依佛教。對印度教徒來說，伊斯蘭教是一神教且差異太大，但是佛教則是「印度教的分支」。

伊斯蘭教徒與印度教徒之間有著鴻溝，因此以伊斯蘭教徒為主的社會，與印度教徒為主的社會截然不同。儘管印度有八成的人口都是印度教徒，但是每個民族都有伊斯蘭教徒存在。雖然他們是少數派，然而徹底無視的話，可是會踩到地雷。

印度脫貧難題：語言差距

我經常舉辦企業研修，印象中，不少日本商務人士認為印度人與他人的距離很遙遠。

「印度不是讓人非常喜歡，就是非常討厭。」我曾聽過這樣的話。派駐海外時，若能選擇去印度或中國時，多數人認為「中國比較安心」。不過，另一方面，也有像鈴木汽車（Suzuki）一樣，在印度投資巨額並大獲成功的企業。

若想積極接觸終將處於世界重要地位的印度時，必須先理解印度的語言貧富差距。以個人的觀察，日本的商務人士總誤以為「印度曾被英國統治，所以印度人都會說英語」。

事實上，會接觸到商務人士的印度人，通常都會說英文，是因為他們都被視為前一〇%的頂層菁英。

或許有日本人認為「這點與日本差不多」，然而情況在印度其實更加嚴重，甚至發生足以稱為「語言貧富差距」的情況。

在日本，就算只會日語也可以讀大學然後畢業，甚至有機會取得博士學位。但是在印度不會英語，就無法上大學，因為印度社會存在這種結構：「會說英語者，等於可以從大學畢業，等於頂尖階層」。

若位在中產階級，通常雙親都會聽說讀寫所在邦的語言。印度的法定受保護語言也包括文字，所以他們能做好工作。但儘管很多人能在觀光地區用英文做基本溝通，但其具備的英語程度卻不足以讓他們上大學。

在這種家庭下成長的孩子，在當地高中畢業後通常不會繼續讀大學，而在家鄉過完一輩子。

如此情況是好是壞因人而異，不過人生選項較少是不爭的事實。邁可．桑德爾（Michael J. Sandel）在著作《成功的反思》（*The Tyranny of Merit*）提到，哈佛大學有三分之二的學生都是出身富裕，指責了菁英主義的騙局而躍升暢銷書。從數據來看，日本東京大學時，其學生家長多半也是高收入者，然而印度的貧富差距又比日美兩國更加嚴重。

即使試圖依循菁英主義以才德決勝負，卻受到**種姓制度與語言貧富差距**的影響，別說當事人的可能性了，**連下一代的可能性都遭到限制**。這種語言貧富差距造就的脫貧難題，是其他國家商務人士比較難注意到的部分。

不過還是有些行業，能靠技術擺脫種姓制度枷鎖，其中以科技產業最為顯著。由於種姓制度成形時還沒有科技產業，所以賈蒂自然沒有將其列入職業規定，換句話說，不論是誰都有權加入的科技產業領域。

印度對於哲學的深度思考能力，是源自於種姓制度、不問民族的印度教。我認為印度科技之所以強大，是在哲學思考能力為基礎下，有著努力衝破語言貧富差距與種姓制度限制的精神。

印度女性想從政，先看階級

印度教與佛教本身對於性別少數群體較為寬容（但整體社會是否寬容又另當別論）。或許是因為他們相信輪迴轉世，所以有著「男性下輩子可能是女性，反之也有可能」這樣的想法所致。

根據世界經濟論壇（World Economic Forum，簡稱ＷＥＦ）發表的二〇二〇年全球性別落差指數（Gender Gap Index，簡稱ＧＧＩ），日本為一二一名、印度則為一一二名（按：臺灣為二十九名）。

印度女性遭受性暴力的問題嚴重，也發生過悲慘事件。在觀看有中產階級角色的印度電影時，會發現「女孩子必須這樣」、「妳是女孩子，不讀書沒關係」等臺詞，經常出現在農村地區與貧困家庭中。這種過時的價值觀，在現代的印度仍相當普及。

有人會反駁：「但在一九六六年，印度出現女總理。」這時必須注意事件背景。一九六六年，英迪拉．甘地（Indira Gandhi，見左圖）成為印度首位女總理，她在生涯中，曾擔任第三任與第六任總理，是留學牛津大學的菁英中的菁英。

她不是印度獨立之父甘地（Gandhi）之女，而是與甘地一起投身印度獨立運動，後來成為第一任印度總理的賈瓦哈拉爾．尼赫魯（Jawaharlal Nehru）之女。這個家族是種姓制度最高階的婆羅門，在賈瓦哈拉爾之後也出了許多政治家，因此被揶揄為「尼赫魯．甘地王朝」。

也就是說，**儘管印度有女性活躍於政界與商界，她們仍是上流階層中獲得高等教育的稀少天選之人**。中間層女性可大展身手的舞臺遠比男性還要少，貧困階層的女性更是很難接受教育，這些在印度都不罕見。

印度不落後，各科技巨擘都有印度員工

據說印度現在有六億人的家中沒有廁所，根據共同通信記者──佐藤大介先生

的著作《十三億人的廁所》表示，以前無論是有錢人還是貧窮人，直接在戶外草叢排泄是很正常的事。印度教嫌棄廁所是汙穢的場所，所以拒絕在家中設置，而在綠意豐沛的年代，可能也不會造成什麼困擾。

但隨著都市化邁進、人口增加，廁所問題在印度就變嚴重了。印度總理莫迪（Narendra Modi）表示要整頓下水道並增設廁所，但是現在的廁所數量仍舊不足，孟買等地的野外廁所危險又不衛生，尤其女性只能被迫忍耐。儘管印度這些部分仍令人感受到尚在開發中的氛圍，但我仍建議別因此認為「印度是落後的亞洲國家、民族」。

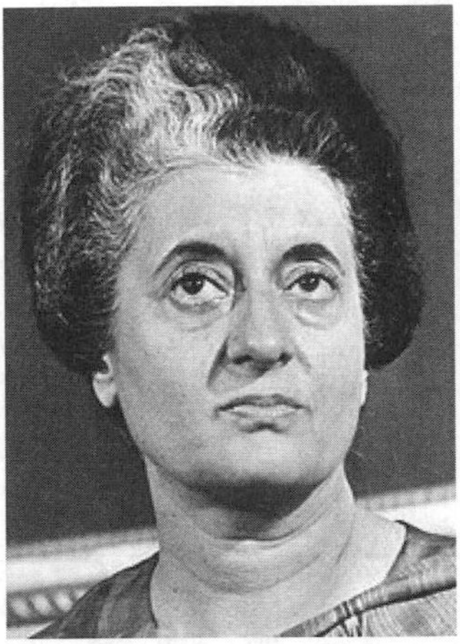

▲ 印度首位女總理英迪拉・甘地（1917-1984）。因處於種姓制度中最高階的婆羅門，所以才能接受高等教育。

印度人雖然是亞洲人，但是硬要說的話，他們的生活傾向比較偏歐洲。雖然僅限於菁英階層，但他們習慣前往英國留學、與歐洲人往來。姑且不論好壞，這些位處政治經濟中心的菁英，正是印度能在全球化時代成為活躍國家的主因。

美國科技巨擘GAFA（按：即Google、Apple、Facebook、Amazon）裡就有許多印度員工，也不乏來自中間階層的人。雖然也有許多中國人，但是他們傾向在美國學成後回到中國，成為國內菁英或是美國中資企業的高層，與進入美國公司並腳踏實地成為幹部的印度人不同。要比較中國人與印度人在英語世界中的異文化交流能力，個人認為印度較為優秀。

雖說印度是人口大國，卻絕對稱不上世界舞臺的政治霸權國。對印度人來說心目中的第一名國家當然是印度，畢竟是長年經歷複雜異文化交流的民族，所以他們能以更謙虛實際的目光看待全球。

南亞各國因宗教而分裂

南亞是依印度教與伊斯蘭教劃分國界的地區。最具代表性的就是**巴基斯坦與孟加拉人民共和國（通稱孟加拉）。兩者都曾經屬於印度，但因為宗教不同而獨立成**

別的國家。以宗教劃分國界的國家還有土耳其與希臘。

巴基斯坦，原指英屬印度伊斯蘭教徒所住的五個地區。印度從英國獨立時，便將印度教徒歸至印度，伊斯蘭教徒歸為巴基斯坦。因此巴基斯坦沒有巴基斯坦族的存在，主體民族是旁遮普族與普什圖族等。

印度幅員遼闊，所以當然還有伊斯蘭教徒，但是巴基斯坦境內的印度教徒僅約二%，極為稀少。

巴基斯坦獨立時，連伊斯蘭教徒較多的印度東部也跟著分離。後來又因為地理位置相隔甚遠的關係，再度從巴基斯坦獨立，形成與巴基斯坦不同的國家——孟加拉。**孟加拉國民幾乎都是孟加拉族，民族與文化都與印度非常相近，單純以宗教不同而切割**。

難免會有人認為「印度、巴基斯坦與孟加拉是相同的」，這未必是因為理解不足，畢竟這三個國家確實根源相同。

而尼泊爾聯邦民主共和國跟印度一樣，「多民族、印度教徒居多、有種姓制度」，但這幾點也受到中國影響——因尼泊爾屬於內陸國家，其地理位置與中國西藏自治區與印度國界相接。

要提到南亞佛教國家的話，當屬西邊的斯里蘭卡。斯里蘭卡約有七五％僧伽羅族、一五％坦米爾族，據說多達七〇％佛教徒幾乎都是僧伽羅族、一二％印度教徒是坦米爾族，其他則是伊斯蘭教徒與基督教徒。此外，因佛教徒（僧伽羅族）與印度教徒（坦米爾族）的對立，導致這裡內戰頻仍。

南亞的另一個佛教國家，是人稱「幸福國度」的不丹。據說「降初雪就休假」、「家人身體不舒服，所以要請假一個月」之類的話，在不丹是稀鬆平常的事（請見《世界最幸福國家──不丹人的幸福論》）。正是因為他們不違逆自然，重視家人與身旁人的文化，才造就了幸福的國家。

像這樣綜觀南亞，就會發現儘管民族繁多且依宗教劃分成多個國家，這裡仍是深受印度影響的區域。

第三部

歐洲：因外交而通婚，又因宗教而對立

第6章

西歐：殖民地統治造成全球民族問題

歐洲從近代開始，為我們現在生存的世界建立了規則。

歐洲各國有許多語言相近的民族，最重要的是他們在宗教上擁有共通點——信仰基督教。

歐洲：統治者與被統治者通婚，加深彼此交流

由於地理位置相近，歐洲重複許多獨立國家整合，又因宗教或利害關係的對立而抗爭的過程。王族除了鬥爭，也藉由通婚締造同盟關係等外交策略與融合政策。

雖然東亞也有王族會通婚，但以數量來說，歐洲遠多於東亞。回顧歷史會發現歐洲「那個國家與這個國家的王族是親戚」的例子多不勝數。

但所謂的同盟，就是為了改善原本就不融洽的關係，所以未必每次都會成功。最終競爭並未止於歐洲「這塊蛋糕」誰拿到比較多，大航海時代起，又針對殖民地這個「更大塊且更多的蛋糕」展開競爭。

歐洲於法國大革命起誕生民族國家與公民的概念，並架構出現代使用的社會機

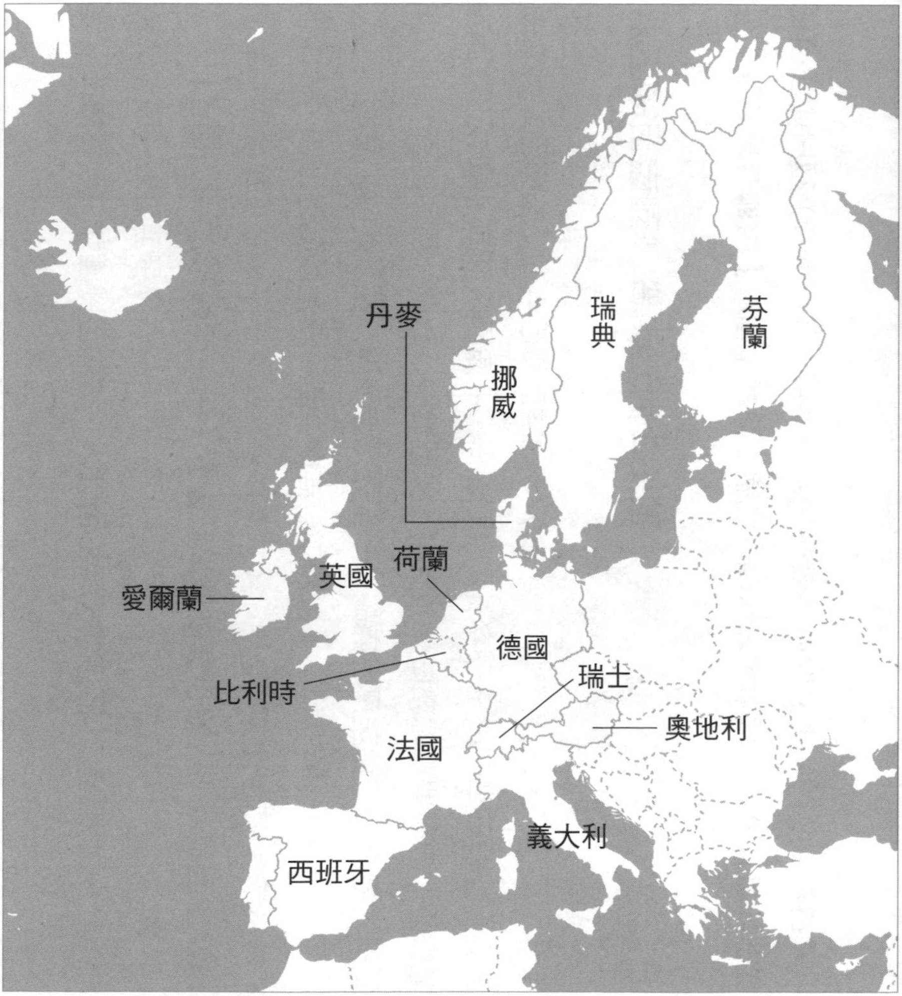

▲ 西歐各國的位置關係圖。

制，但是隨著民族國家的誕生，人們開始與不屬於同一個國家的人群產生摩擦，進而發展出了民族問題。

「我國公主嫁給貴國王子，兩國因這場婚姻結盟。」在時間如此遙遠的近代（按：這裡指十四至十七世紀文藝復興後），歐洲以經濟體制來做整合：使用相同的貨幣，自由的越過國境，前往各地進行交易。

因跨越民族的高牆，進而形成歐洲——這樣的歐洲聯盟（歐盟）就誕生於一九九三年。其背景除了經濟、宗教因素，這些國家也都曾受到羅馬帝國影響，擁有共通的政治基礎。但從希臘破產、英國脫歐等事件中，可以看出整合並非易事，「抗爭與整合的歐洲」這樣的雙面性至今未變。

英國是四個國家組成的聯合王國

許多人容易把「英國」當成一個國家思考，但是其正式名稱為大不列顛暨北愛爾蘭聯合王國（United Kingdom of Great Britain and Ireland）。英格蘭、蘇格蘭、

威爾斯與北愛爾蘭這四個地區，從某個角度來說，它們是獨立國家，而這些國家的聯合政權——聯合王國（United Kingdom，簡稱UK）的首都是倫敦。

印歐語系凱爾特語族中，有個分支是蓋爾語，而現今的英國領土與愛爾蘭領土自古以來，都是由說著蓋爾語的凱爾特裔民族居住。後來衍生出愛爾蘭、蘇格蘭、威爾斯這些國家，至今各自仍保有一定程度的獨特文化。

英格蘭的起源，是日耳曼裔盎格魯—撒克遜人在五世紀來到這裡並建立國家，他們在一〇六六年被法國諾曼人征服。可以說，「盎格魯—撒克遜加上諾曼」是現在英格蘭人的原型。但後來法國與英格蘭爆發百年戰爭，當時的法國對英格蘭來說是敵國。英格蘭之後逐漸擴張勢力，並對蘇格蘭、威爾斯、愛爾蘭產生影響，最終統治了這些國家。

蘇格蘭有許多民族混居，包括原本就居住此地的凱爾特裔蓋爾人、不列顛人，跟後來到來的盎格魯—撒克遜人與北歐裔等。他們使用的蘇格蘭蓋爾語與愛爾蘭蓋爾語不同，但是彼此之間的共通點比源自於盎格魯—撒克遜語的英語更多。而蘇格蘭將蘇格蘭蓋爾語當作第二語言保留至今。

蘇格蘭從幾世紀前開始成為英語世界，但仍保有民族的驕傲，其中最典型的就是歌曲。日本人很熟悉的〈螢之光〉，就是從蘇格蘭民謠〈友誼萬歲〉（*Auld Lang Syne*）來改編歌詞。〈友誼萬歲〉是在派對時一定會合唱的歌曲，在格拉斯哥與愛丁堡等地，還可以看見人們用蘇格蘭語唱歌，泛著淚光回憶蘇格蘭歷史與文化的模樣。

英國的通婚、統治、爭權奪利，全因宗教

如前文所述，過去歐洲各王族通婚頻繁，造成了「那個人和這個人都是親戚」的狀態。

蘇格蘭與英格蘭也是如此，然而，這兩國頻繁通婚，除了加劇王位競爭，背後也牽扯上基督教的兩個派系——天主教與基督新教。

愛爾蘭、英格蘭、蘇格蘭與威爾斯原本都屬於天主教，但因身為英格蘭國王及愛爾蘭國王的亨利八世（Henry VIII）「想與王后離婚」，使英格蘭違背羅馬教

宗，並於十六世紀成立英國國教會（基督新教）。最後亨利八世共結了六次婚，這也是為了培育能讓自己放心的男性繼承人。

但亨利八世的繼承人愛德華六世（Edward VI，信仰基督新教）早逝，所以愛德華六世的異母姐姐瑪麗一世（Mary I，信仰天主教）即位，她展開殘酷的宗教改革以徹底驅逐基督新教，因此被人稱為「血腥瑪麗」（Bloody Mary），最後她因病過世。

按照繼承順位，接下來會由伊莉莎白一世（Elizabeth I，瑪麗一世的異母妹妹，信仰基督新教）繼任王位，然而天主教為了重奪權力，主張蘇格蘭女王瑪麗（Mary, Queen of Scots，伊莉莎白一世的表侄女，信仰天主教。見下頁圖）才是正統的王位繼承者。

這是全員都有血緣關係的骨肉相爭。

母親為法國貴族的蘇格蘭瑪麗，被天主教派系推派出來。隔海的法國與英格蘭關係緊繃，擁有無敵艦隊的天主教大國西班牙，也不願放任基督新教國家英格蘭壯大。可以說，伊莉莎白一世要想成為統治者，必須克服許多難關。

▲蘇格蘭女王瑪麗（1542-1587）。現在英國皇室是她的後代。

結果，登基的仍是伊莉莎白一世。一五八八年，英格蘭擊敗了西班牙的無敵艦隊，不僅成功奪下了不列顛群島與愛爾蘭島，之後更踏上世界海權霸主之路。

但是伊莉莎白一世終身單身，繼承者就成了蘇格蘭國王詹姆士六世（James VI，蘇格蘭女王瑪麗之子。繼承英格蘭、愛爾蘭王位後，稱詹姆士一世〔James I〕）。成為英格蘭、蘇格蘭與愛爾蘭國王的他，是英國國教會的領袖，現在的英國皇室即為他的子孫。

從結果來看，儘管蘇格蘭女王瑪麗在政治鬥爭上敗給伊莉莎白一世，但是仍成功在英國皇室留下自己的血統。

愛爾蘭民族宗教抗爭千年史

一直抗拒與英格蘭同化的，是虔誠的天主教國家愛爾蘭，其民族宗教抗爭長達約一千年。從十二世紀英格蘭攻入起，愛爾蘭就持續抗爭，即使被殖民、被吞併也持續獨立運動。

造成愛爾蘭抗爭的原因是組成民族的一大要素——語言。對於堅守蓋爾語與天主教的愛爾蘭，英格蘭試著強制他們使用英語等以實現民族同化。

此外，愛爾蘭氣候嚴峻且土地貧瘠，馬鈴薯是百姓的主食。然而珍貴的馬鈴薯卻慘遭病害（按：指晚疫病。得病後兩週內即可能會全部焦枯死亡，而且會波及相鄰與附近薯田），於十九世紀發生了馬鈴薯飢荒。貧窮又飢餓的他們被迫同化，還受到歧視。

愛爾蘭人為求一條生路而移居英格蘭與美國，甚至出現「留下來的人比離開的人還要少」的情況。他們賣命渡過北大西洋後又變成貧困的移民，飽嘗辛酸，但也許正因如此，使團結的愛爾蘭民族網路擴及全球。

留在愛爾蘭的人們，認為「英格蘭一味的壓榨，從未為困苦的我們做些什麼」而奮起，進而衍生出二十世紀的獨立戰爭。此外，他們把蓋爾語當作民族自我認同象徵。

一九二〇年，南愛爾蘭獨立為「愛爾蘭共和國」，而北愛爾蘭留在大不列顛暨北愛爾蘭聯合王國。

北愛爾蘭受到以前英格蘭人的殖民政策影響，住了許多基督新教徒。**因此北愛爾蘭的天主教徒與基督新教徒對立仍延續至今，也為脫離歐盟的英國政治穩定蒙上一層陰影。**

前英國女王伊莉莎白二世（Elizabeth II，一九五二年至二〇二二年），曾造訪全球超過一百五十個國家，她在二〇一一年前往愛爾蘭共和國。也就是說，愛爾蘭與英格蘭一直維持複雜關係，直到近期才得以交流。然而，至今仍會發生天主教徒與基督新教徒之間的暴力事件等，兩者的爭端仍未平息。

現在的北愛爾蘭成了觀光勝地，愛爾蘭共和國與英國人們則維持著商業與購物等和平交流。南愛爾蘭在以農業為主的時代雖然過得很辛苦，但現在搖身一變成為科技國家。

此外，愛爾蘭雖人口稀少，卻誕生戲劇家蕭伯納（George Bernard Shaw）、詩人詹姆士．喬伊斯（James Joyce）、劇作家王爾德（Oscar Wilde）與諷刺文學大師強納森．史威夫特（Jonathan Swift）等世界級文豪。日本妖怪文學鼻祖小泉八雲（按：原名為列夫卡迪奧．赫恩〔Lafcadio Hearn〕，父親是愛爾蘭人，母親為希臘人。與日本女性結婚，之後歸化日本）童年時也住在愛爾蘭。或許是因為愛爾蘭過去長年受英格蘭壓迫，反而引起更深層的思想，才會造就這些偉大的文豪吧。

順道一提，前往有多國交流的多邊場合時，**英格蘭人與愛爾蘭人會特別容易打成一片**，我想肯定是因為彼此的文化相近。就如同日本人與韓國人的關係，**儘管有民族遺恨卻也有許多共通點，因此個人對個人時容易變得親近**。

我在二〇一九年最後一次造訪愛爾蘭首都都柏林地區。當時路面電車在廣播「下一站是……」，緊接在英語後的就是蓋爾語。

雖然凱爾特神話（按：不列顛群島地區〔包括愛爾蘭、威爾斯〕特有的一個神話體系）與妖精傳說等蓋爾語故事，以口耳相傳的方式流傳至今，但是現在的愛爾蘭人幾乎都說英語，懂蓋爾語的人很少。儘管如此，愛爾蘭人仍刻意保留蓋爾語，可以看出愛爾蘭人十分珍惜這個民族性象徵。

脫離歐盟的英國，正試圖實踐全球主義（按：Globalism，指稱一個倡導全球化概念的意識形態。傾向於倡導移民、自由貿易、降低關稅和全球治理等政策，通常被認為與民族主義相反）。我不清楚身為多民族國家對他們來說，這麼做是好是壞，但是可以確定的是，他們已踏出改變的第一步了。

法國：殖民地人民不是異族，是法國人

首先具體實現「民族國家」概念的是法國。其契機是一七八九年法國大革命，主打「改變全世界」這種類似世界主義（按：Cosmopolitanism，反對狹隘的國族主義，提倡世界上所有人類同屬一個社群，應該彼此平等對待、尊重文化差異的一套思想主張）的行動。但是革命路線很快就挫敗，實際獲得的結果是「成為法國人為法國打造的國家」。

儘管拿破崙（Napoleon）登場後又恢復帝政，後來也經過數次王政復辟等變化，但是基本上還是朝著共和制邁進。

革命興起的十八世紀末，法國並非單一民族國家，舉例來說，這裡有來自大不列顛島，並在布列塔尼定居的凱爾特不列顛人。他們在革命前是另一個國家——布列塔尼公國的人民，現在也還保有布列塔尼語。除此之外，現在居住地依然橫跨西班牙與法國的巴斯克人，也曾擁有過自己的王國，直到現在，他們仍擁有強烈的民族自我認同。他們至今仍使用自己的語言，有些地區則使用亞爾薩斯語以及加泰隆語等。

但是法國決議「法語是唯一官方語言，全部人都必須說法語」，企圖以語言統一國家。

十六世紀起加入世界霸權爭奪戰的法國，擁有加拿大、西印度、加勒比海島嶼、非洲等許多殖民地與海外省。他們並未將當地居民視為其他民族統治，而是選擇讓他們融入法國，對現代移民同樣採取相同原則。雖然有附加條件，在法國出生的人是法國人，住在海外省的人也是法國人。屬於不同文化、宗教與民族移民者，只要擁有法國籍就是法國人，而法國人共通的就是法語。

踏進前法屬國家的咖啡廳時，會發現其與法國非常相似，讓人一時搞不清楚是身在巴黎、孟加拉首都達卡，還是剛果首都金沙薩。

「對法語自豪的法國人，不會想說英語。」這種想法已經是過去式，現在會英語的法國商務人士逐漸增加。法國總統馬克宏（Emmanuel Macron）在外交場合與國際會議上，也會以流利的英語應對。儘管如此，法國人對法語的尊重至今未變。像是必須用法文撰寫職場規則等規範，也是因為他們很重視法語的緣故。

政教分離是法國的教條

從圍繞著英格蘭王位的骨肉之爭，演變成天主教與基督新教的代理戰爭，即可明白，**基督教在歐洲的力量及羅馬教宗的影響力難以估計**。法國也是天主教國家，因此當初法國想藉革命建立新的共和國時，致力於從政治中徹底排除天主教的影響。強力推動政教分離至此，法國可以說是歐洲唯一，其貫徹始終的態度也足以稱為「法國的教條」。

現在的法國仍然秉持著「不可以在公開場合表現出宗教信仰」的態度，儘管宗教本身依然與文化緊密結合，法國也認同信仰的自由，但不允許政治家或官僚，在公開場合說出有關宗教的發言或是穿著相關服裝。

關於這點，最具象徵性的就是「罩袍問題」。法國有許多來自北非與中東的移民，據說伊斯蘭教徒約有五百萬人。伊斯蘭教徒的女性因為宗教上的理由，必須罩袍（按：寬鬆的黑色拖地外套，讓婦女從肩膀到腳被包裹得嚴實）、希賈布（按：穆斯林婦女穿著的頭巾）、恰多爾（按：包覆全身的罩袍外套，除了臉部之外全身都遮蓋起來）等，覆蓋頭髮與臉部。

但對於排除宗教並推動政教分離的法國來說，穿著罩袍上學有違政教分離的教條。因此，法國頒布法律，在二〇〇四年，禁止在公立學校穿著希賈布；二〇一一年，禁止「在公開場合穿著覆蓋臉部的服裝」。**儘管歐洲各國都可以看到人們歧視與抗拒伊斯蘭教徒，但是公開議論服裝是非，甚至到制定法律的地步，可以說是法國特有的。**

自二〇〇一年美國發生九一一襲擊事件以來，伊斯蘭基本教義派的犯罪行為在國際間廣為流傳。與恐怖分子毫無關係的伊斯蘭教徒，不由分說的受到越來越嚴重的差別待遇，令人憂慮，這一點對擁有許多移民的多民族國家法國來說，也是相當重大的課題。

二〇二〇年，巴黎近郊有位教師遭斬首殺害，犯人是包括學生父親在內的伊斯蘭激進派，據說是因為那位教師在課堂上，提及「查理週刊總部槍擊案」——《查理週刊》經常用諷刺漫畫侮辱穆罕默德，引發伊斯蘭激進派的憤怒，於二〇一五年殺害該週刊工作人員。

發生教師殺害事件後，馬克宏總統表示：「堅守言論自由。」儘管這是不允許恐怖攻擊的正當言論，但我覺得這段話很有問題。

從法國的國是來看，不僅信仰，對信仰的評論也是自由的。儘管法國人有八〇%是天主教徒，但是理論上任誰都可以嘲弄耶穌與基督教，也絕對不允許以法律制裁這種行為。

但天主教與伊斯蘭信仰風格不同。諷刺漫畫侮辱的是伊斯蘭教徒信仰心骨幹，自然不會想著「世上有各種想法」而容忍（當然，基督教徒中也有許多人不容許他人侮辱耶穌，這只是程度差異的問題）。如果某個人的自由，會損及他人自由，就會產生禍根。儘管人類理性上知道遵守規則，但是情感會超越理性。

我覺得馬克宏的發言有問題，是因為我經常感受到**民族與宗教問題，光靠法律並不能解決。**

法國人對藝術、美食與時尚等，十分自負，他們認為「連同那些相當於世界文化的部分，都是我們親手打造」。

法國不只是藝術與文化國度，也是哲學國度。雖然幾乎歐洲各國都是這樣，不過法國學校課程會透過辯論，深入探討「人為何而活」等深奧主題，非常重視哲學。優秀的高中生會進入名為高等專業學院的一流大學，不斷琢磨邏輯思考，之後再加入政府。舉例來說，馬克宏總統也是高等專業學院的一員，並在巴黎政治學院學習哲學。

歐洲有在知識階級的沙龍討論藝術與哲學的文化，法國以擁有討論「宗教、國家應有的樣子」議題的傳統為傲，具備重視哲學要素的國民性。

從畢卡索的〈格爾尼卡〉，解讀西班牙民族問題

西班牙語又稱為卡斯提亞語，是卡斯提亞王國（按：伊比利半島歷史上的一個王國，當時領土包括現在西班牙的舊首都托雷多、新首都馬德里）的語言。

由於官方語言是西班牙語（卡斯提亞語），所以幾乎所有國民都會說，此外，西班牙承認的語言，還有奧克語、加泰隆語、加利西亞語、巴斯克語、瓦倫西亞語等五個自治區官方語言，這是因為西班牙是複雜的多民族國家，且至今仍維持著對立狀態。

自古就居住在此的伊比利亞人，與腓尼基人、凱爾特人、希臘人混血產生的民族，就是西班牙。再加上他們曾被拉丁裔的羅馬帝國、日耳曼裔的西哥德王國以及伊斯蘭教徒統治過，民族加上宗教，西班牙變得更加複雜多樣。此外，伊比利亞半島還產生天主教與伊斯蘭教的對立結構。

基督教徒發動的收復失地運動（Reconquista），使西班牙於一四九二年成為天主教國家。

話雖如此，我在到了西班牙南部後，卻覺得這裡的街景與阿拉伯真像。世界遺產阿爾罕布拉宮，是可看見伊斯蘭統治歷史的名勝；西班牙自治區安達魯西亞的平凡街景，隱約散發出摩洛哥般的阿拉伯風情，此外氣候也很相似。

加泰隆尼亞與巴斯克等兩個西班牙自治區，格外反彈中央政府。

加泰隆尼亞這塊土地，曾存在被伊斯蘭教徒統治，卻在獨立後建構天主教國家的加泰隆尼亞公國。加泰隆尼亞公國以加泰隆尼亞為據點，連義大利半島南部都納入版圖，在地中海建立起強大的勢力。

儘管時代不同，西班牙建築師高第（按：新藝術運動的代表性人之一，以其複雜、新穎、獨樹一幟、個人色彩強烈的建築作品聞名，被譽為「上帝的建築師」）建築物多位在加泰隆尼亞自治區的巴塞隆納。

但是進入大航海時代後，離大西洋甚遠的加泰隆尼亞公國逐漸衰退。政治中樞移至馬德里，成為西班牙王國的一員。想必對加泰隆尼亞來說，第一名寶座被奪走，不會是有趣的事情。

兩者的對立至近代仍不斷上演。

一九三六年的西班牙內戰，就是右翼佛朗哥（Francisco Franco）叛軍與左翼共和國政府的對立，馬德里屬於佛朗哥陣營，巴塞隆納則屬於共和國陣營。最終由佛朗哥取得勝利，巴塞隆納淪為敗軍，在佛朗哥獨裁政權的暴政下，生活苦不堪言。雖然在第二次世界大戰後迎來和平，但對立結構沒有消失，時至今日，偶爾還會出現巴塞隆納獨立論。畢竟這裡是靠近法國的海邊城市，連文化都與西班牙相差甚遠。

巴斯克人原本住在橫跨法國與西班牙的庇里牛斯山周邊，沒有因民族關係組成國家，他們也沒有被伊斯蘭教政權統治過，得以構築了獨有的文化。西班牙的語言屬於印歐語系的拉丁語族，只有巴斯克語尚未解明出處。

巴斯克人個性強烈，由於佛朗哥獨裁政權嚴格打壓他們，促使巴斯克人展開獨立運動，並使巴斯克至今仍有著恐怖組織。

畢卡索（Pablo Picasso）著名畫作之一〈格爾尼卡〉（*Guernica*，見左圖），收藏在馬德里的索菲婭王后國家藝術中心博物館。西班牙內戰時，住在法國的畢卡索支持共和國陣營，憎恨統治母國的獨裁者佛朗哥。他透過〈格爾尼卡〉，描繪著

▲〈格爾尼卡〉，畢卡索創作於 1937 年的反戰作品。

為佛朗哥助陣的納粹德國，對格爾尼卡街道無差別空襲——也就是說，這是表達反戰態度的作品。

但西班牙內戰還糾纏著複雜的民族問題，包括巴斯克人的獨立運動、加泰隆尼亞的遺恨等。紐約將長年收藏的〈格爾尼卡〉歸還給西班牙時，普拉多博物館與巴塞隆納的畢卡索美術館，都提出希望收藏的請求，巴斯克人也希望能將其當作民族的象徵。

在畫中，有抱著罹難孩子

的女性、慘叫的人們、士兵、牛、馬。據說〈格爾尼卡〉述說了許多故事。在了解這幅畫的創作背景後，總覺得從中似乎可以看出多民族國家西班牙的脈絡。

義大利：在中央集權與地方分權找平衡

義大利將古代羅馬帝國的帝都羅馬定為首都，長年屬於羅馬教宗據點，且義大利有八成人口是天主教教徒。從廣義來說，繼承古代羅馬帝國的血統，是義大利人的驕傲。

但要說義大利人是古代羅馬帝國的直系子孫，似乎也不是那麼正確。因為這裡曾受到日耳曼裔東哥德族、法蘭克族等地統治，經過漫長歲月的血統融合，才形成現在的義大利人。

英國、法國、西班牙、義大利等歐洲國家，都是經歷過異族統治與血統融合所誕生。個人認為這種關係，**正是促進歐盟誕生的遠因**。

義大利在十九世紀後實現統一，但是至此的分權式統治結構，反而為他們取得中央集權與地方分權的平衡。義大利除了羅馬以外，熱拿亞、威尼斯、米蘭等也都擁有強勢的領主，因此各地在文藝復興之後，都誕生形形色色的文化。最擅長打造全球獨一無二品牌的，正是義大利的時尚產業。

正因為各地都擁有獨特的文化，所以各地都出現了知名的時裝工廠，並為提高品牌價值帶來貢獻。

至於語言方面，儘管南北方言有所差異，但是基本上都屬於義大利語。提洛地區的語言也包括德語。此外雖然不確定是否稱得上是民族問題，但是資源豐富的北部確實有與中南部切割的動向（按：提洛是歐洲中部的一個地區。目前分屬奧地利和義大利兩國。北提洛和東提洛屬奧地利，南提洛屬義大利）。

現在的義大利同樣面臨移民與難民問題。由於其地理位置突出於地中海，因此，非洲移民第一個到達的就是西西里島或義大利半島，這使**義大利成為歐洲收容移民與難民的最前線**。關於當地人與移民、難民之間的民族摩擦，則將於第十六章，以歐洲的角度來深入探討。

義大利人大家庭羈絆強烈

跟西班牙人一樣，義大利人的家庭關係緊密，這可以說是拉丁裔天主教國家共通的傾向。

提到「週日家族聚會」時，日本人頂多是夫妻與孩子們相聚，或帶孩子回妻子娘家。但是義大利的家庭範圍更廣，對他們來說，除了爺爺奶奶、孩子、孫子，也包括叔叔、阿姨、姪子等以及各自的伴侶與孩子。

大家庭聚在一起悠閒享用葡萄酒與名為「Pranzo」的美味午餐，這並非特別活動，而是家常便飯。到了聖誕夜及聖誕節當天，有十幾二十個家人聚在一起，有時甚至還會住下來，家宴延續到二十六日、二十七日。

十九世紀初期，有些義大利人到美國或阿根廷打拚，之後直接定居在那裡，或全家人一起移民，但數量比其他歐洲國家還少。原因之一是義大利的殖民地較少。像英國、法國、西班牙這種擁有許多殖民地的國家，無論距離多麼遙遠，畢竟曾同屬一個國家，因此願意移居的人也很多。但是像義大利、德國這種殖民地很少的國家，就比較傾向留在本國。

德國：地方分權造就優秀藝術家與哲學家

日耳曼裔法蘭克王國的西邊是法國、東邊是德國、南方有義大利。相較於法國在法國大革命後，就以民族國家的身分迅速往前邁進，德國與義大利在國家統一上的步伐就慢了許多。

現在的德國領土在中世紀時屬於神聖羅馬帝國，而整個歐洲長年受到哈布斯堡家族（Haus Habsburg）的統治，天主教教會也掌握莫大權力。神聖羅馬帝國並非中央集權，比較偏向分權，皇帝從選帝侯（按：擁有選羅馬國王的權利的德意志諸侯）中選出。約十八世紀的德國各地，就出現多個享有自治權的自由都市，孕育著各自的文化，而在自由風氣之下，誕生許多藝術家與哲學家。

其中最具代表性的是貝多芬（Ludwig van Beethoven），他於一七七〇年出生在科隆總主教（Archbishop of Cologne）領地的首都波恩。

▲ 位於科隆的天主教教堂——科隆主教座堂。

科隆總主教是選帝侯之一，從聳立的優美大教堂即可看出他的實力。也就是說，即使波恩只是地區都市，卻在有力的掌權者之下獲得繁榮，可以說是孕育貝多芬音樂才能的最佳搖籃。誕生於波恩繁榮中的貝多芬，正是分權德國的一大象徵。

除此之外，知名的奧地利作曲家莫札特（Wolfgang Mozart）出生於薩爾斯堡，雖然這裡是奧地利西部，但在莫札特的時代屬於神聖羅馬帝國的主教區。海頓（Joseph Haydn）與舒曼（Robert Schumann）也是德語圈的作曲家。

德國的藝術領域不僅止於音樂。戲劇家歌德（Johann Goethe）就是在法蘭克福出身。與歌德齊名的詩人席勒（Friedrich Schiller），出生於符騰堡王國（位於現在的德國西南部司徒加特一帶），因聰明才智獲得領主認同。德國古典哲學創始人康德（Immanuel Kant），在東普魯士的柯尼斯堡出生與成長，並在此過完一生。此外思想家兼經濟學家馬克斯・韋伯（Max Weber）也是德國出身。

當時的德語圈，並非只有核心地帶維也納強盛，而是藉由地方分權，在各地造就特色豐富且優秀的人才。且並非每個人都努力朝首都邁進，而是在各地綻放自己的風采並互相切磋琢磨，這正是德國的強大之處——這是我個人的看法。

各地區的獨特性都化為正向的尊嚴，與競爭或是攀比不同。我認為「沒有誰是最好的，各有各的驕傲」，正是德國的特徵。

長年分權的德國，在第一次世界大戰與經濟大蕭條後，終究還是誕生了獨裁者希特勒（Adolf Hitler）。

關於希特勒眾說紛紜，但是據說是第一次世界大戰後的德國，因分權造成權力分散而沒能好好運作，不僅成為戰敗國還陷入財政窘迫。在人們喪失自信並脆弱的時刻，出現了最易打動人心的民粹主義，助希特勒掌握了民心。

戰後的德國反省中央集權制度，並整頓了國家制度，結果再度成為分權性質強的聯邦國家。我不禁認為：「德國或許是全世界最貫徹分權的國家。」

我會在下一章探討詳細內容，雖然德國曾瓜分波蘭、威脅東歐。但戰後也接納了歐洲以外的移民、在歐盟裡提供經濟支援，確實盡了世界經濟大國的義務，從贖罪的角度來看應該算很充足了。

莫忘北歐民族問題——薩米族歧視

芬蘭以外的北歐國家與德國、英國，共通點是都會使用日耳曼語族語言，以及有很多基督新教徒。通常認為他們的工作幹勁比天主教拉丁裔還高，因此精通英語等外文、重視效率的商務人士較多。日耳曼語族也包括了荷蘭，語言關係較接近，使這些國家的人民較快熟悉英語，可以說是占據商業上的優勢。

芬蘭以外的北歐三個國家（挪威、瑞典、丹麥）語言相近，瑞典語與挪威語之間的差異就如同方言。從歷史角度來看，丹麥與瑞典是大國、挪威影響力較小，只有芬蘭是烏拉語系。儘管人們容易將他們概括成「北歐」，但是芬蘭印象中的歐裔，卻是系統各異的民族。

人們提到北歐會很強調「是環保先進國家且重視福祉，追求簡約生活」這些正向的一面，但他們仍存在民族問題。**在北歐遭到歧視的是原住民薩米族**（見下頁圖）。他們跟芬蘭人一樣使用烏拉語系，以狩獵與馴鹿游牧為生。儘管現在已經定居下來，但薩米族分散在俄羅斯、芬蘭、挪威等多個國家，**從未擁有自治區與自決**

權，就這一點來看**與庫德族相似**。

我會在第九章詳述猶太人遭受的迫害，羅姆人的部分則會彙整在第七章。從中世紀到現在羅姆人，仍處於被歧視的位置，歐洲社會對他們的偏見仍舊根深蒂固。

▲薩米族在北歐遭到歧視。

歐洲首屈一指的名門——哈布斯堡家族

橫跨國家與地區，統治多個民族的稱為「帝國」。前文按照現在的國家區分介紹了西歐，而在理解歐洲時，統治歐洲帝國的哈布斯堡家族相關知識，也是必備項目。這裡將綜觀整個歐洲，幫助各位更加理解民族。

十世紀左右，立基於現今瑞士的貴族——哈布斯堡家族逐漸擴張勢力，並於十三世紀誕生了來自哈布斯堡家族的神聖羅馬皇帝。也就是說，他們站上了天主教政權的頂端。

後來神聖羅馬皇帝的地位都由哈布斯堡家族的人繼承，並透過與各國王族、有力貴族的聯姻，擴大在整個歐洲的勢力。西班牙哈布斯堡王朝、奧地利哈布斯堡王朝都極具代表性，兩者也都以天主教國家之姿創造繁榮。「活在哈布斯堡政權下的都是德國人、奧地利人」這樣的概念未必正確，嚴格來說是歐洲人。後來更成為擴及東歐的龐大帝國。

與哈布斯堡家族站在對立面的則是法國。奧地利哈布斯堡王朝的公主瑪麗·安東妮（Marie Antoinette）與法國王儲路易十六（Louis XVI）婚姻就不是一般的政治婚姻，而是曾為不共戴天之敵的兩大勢力締結盟約，象徵著歐洲的和平。

但這對歷史上最受矚目的夫婦，卻在法國大革命遭處死刑。後來近代化的浪潮掀起，哈布斯堡家族打輸了一次又一次的戰爭，勢力逐漸縮小。儘管他們透過政治婚姻等策略以及在文化上建立的權威，在漫長歷史中占有重要地位，卻因戰爭而衰弱。相對於留存至今的英國皇室，哈布斯堡家族已經消失了。

在全球化時代的現在，若有人問：「歐洲有哪些國家，真正屬於世界主義？」

我會列舉幾個小國。

首先是擁有哈布斯堡家族DNA的奧地利，其首都維也納至今仍是歐洲數一數二的文化與藝術之都，擁有符合世界主義的性質，我認為這是哈布斯堡帝國接納許多民族所帶來的影響。這裡是冷戰時期東西歐的中心，因此有不少從中東歐來的人。再加上維也納有許多國際機構，就連日本的外務省，也將國際機構集中處的「代表團」設在維也納。

要進一步舉出世界主義的國家時，當屬永久中立國且同樣擁有許多國際機構的**瑞士**。這是放眼西歐最高等級的多語言國家，到處都可以說著法語、德語與義大利語，**是擁有一定程度多語言能力者比例最高的國家**。正因多民族與多言語的性質，才得以成為永久中立國。從這個角度來看，同樣符合世界主義。

歐盟主要機構設置在比利時，這也是世界主義國家。比利時北部使用接近荷蘭語的日耳曼語族佛拉蒙語，南部則用接近法語的拉丁語族瓦隆語。布魯塞爾同時擁有日耳曼裔與拉丁裔，簡直就像聯合體的歐盟象徵。我想歐盟會選擇布魯塞爾當作據點，也有考量到這個象徵意義。

雖與前述國家稍有不同，但北歐也有世界主義要素的國家——主導諾貝爾獎的瑞典與挪威。屬於小國的它們並未附屬於大國網路，表現出退一步看世界的胸懷。

我曾經前往舉辦諾貝爾獎頒獎典禮的斯德哥爾摩市政廳，想像典禮過程之餘，也時不時感慨：「如果諾貝爾獎是由美國主導的話，恐怕只有順美國意向的人，才能夠獲獎吧？」

人口少的小國，市場也小，不和世界做生意就無法活絡經濟，但也因此充滿了可能性。這樣的小國擁有多種民族，當然也擁有多元化這個現代武器。

以前的當權者都追求遼闊的領土，但是今後成為大國未必會是正確解答。不如說，成為大國反而會招來其他國家抗拒——關於這一點，身為中國與俄羅斯這兩個「鄰居」的我們，是特別清楚的。

第7章

東歐：在德國與俄羅斯之間擺盪

如果直接認定「東歐等於舊蘇聯圈」，就無法理解民族。

第二次世界大戰後，許多國家因為蘇聯的崛起而形成共產圈，現在也看得到大國俄羅斯帶來的影響——這只是政治方面的影響，事實上，每個國家都擁有自己的歷史與特徵各異的民族。

東歐有許多斯拉夫民族，這點俄羅斯也一樣。有許多東斯拉夫人居住在俄羅斯、白羅斯、烏克蘭等國。

塞爾維亞、克羅埃西亞、斯洛維尼亞、波士尼亞與赫塞哥維納、蒙特內哥羅則是南斯拉夫人居多。南斯拉夫是指曾位在巴爾幹半島的前南斯拉夫國（Former Yugoslavia），而 Yugoslavia 一詞本身就是指南斯拉夫。

捷克、斯洛伐克與波蘭則是以西斯拉夫人為主的國家。前往**捷克**，我們會發現即使這裡的人民**與俄羅斯同為斯拉夫民族**，但**歷史與文化較受德國影響**。

俄羅斯與整個東歐都是斯拉夫民族居多，但也有像羅馬尼亞這種拉丁裔國家，以及匈牙利這種以烏拉語系民族為主的國家。

至於宗教，波蘭、克羅埃西亞、斯洛維尼亞屬於天主教。塞爾維亞、保加利

波蘭
捷克
斯洛伐克
匈牙利
斯洛維尼亞
克羅埃西亞
羅馬尼亞
塞爾維亞
保加利亞
波士尼亞與
赫塞哥維納
阿爾巴尼亞
希臘
蒙特內哥羅

▲ 東歐各國的位置關係圖。

亞、俄羅斯以東正教居多。在理解民族性時，我們很常聽到「拉丁裔開朗有精神，日耳曼裔誠懇勤勉」等，但如果問：「斯拉夫民族的特徵是什麼？」恐怕大多數人都不熟悉。

此外，即使同為歐洲，但東歐與曾為文化與政治中心的西邊國家有段距離，因此東歐對西方隱約抱持著情結。實際檢視東西歐的漫長歷史，會發現**斯拉夫的國家幾乎沒有踏上歐洲政治中樞**，頂多是冷戰時期的蘇聯強得有如帝國而已。

波蘭：在德國與俄羅斯的狹縫間求生存

要想認識東歐民族，我們首先了解足以象徵「遭政治擺布的歷史」，國家曾被瓜分並二度消失的悲劇國度——波蘭。

波蘭在十四世紀左右曾為歐洲強國，接受許多德裔、猶太裔的移民，領土向匈牙利、烏克蘭擴張，到了十六世紀更成為波蘭立陶宛聯邦。

即使歐洲經歷宗教改革，造成基督新教的誕生，波蘭仍為天主教國家，一九八一年造訪日本的羅馬教宗若望保祿二世，就是波蘭人。儘管主流是天主教，但是領土遼闊的波蘭立陶宛聯邦裡，住著許多信仰各異的民族。十八世紀結束時，住在烏克蘭的哥薩克人、住在立陶宛的伊斯蘭教韃靼人有了獨立的機運，使波蘭立陶宛聯邦變弱，後來又打輸與俄羅斯之間的戰爭。

結果波蘭於一七九五年被俄羅斯、奧地利、普魯士這些「強壯的鄰居們」切割成三份。謀求獨立的民族起義也以失敗告終，整個國家實質滅亡。

波蘭出身的蕭邦（Chopin，見下頁圖）所作〈革命練習曲〉（*Etude Op.10 No.12*），是波蘭滅亡時代因俄羅斯侵略華沙而創作的，據說他用音樂表達出波蘭人民的痛苦。我造訪位在華沙的蕭邦故居時，從他的日常用品中，可以看出其有多麼深愛遭政治擺布的波蘭。

後來德意志帝國在第一次世界大戰中戰敗，波蘭總算得以復活。然而才剛取回被德國奪走的西邊領土沒多久，就發生了第二次世界大戰，這次波蘭成了希特勒與史達林（Joseph Stalin）權力遊戲中的獵物，再度慘遭瓜分。

在納粹德國統治下的波蘭人飽嘗歧視與壓榨之苦，最大的悲劇則發生在許多住

▲鋼琴詩人蕭邦（1810-1849）。

在波蘭的猶太人身上。不僅是住在當地的猶太人，整個歐洲的猶太人都被送到奧斯威辛集中營。而遭蘇聯占領的東側波蘭人，有人逃亡、有人被殺害、有人被迫移居，只能分散在世界各地。

「波蘭」一詞在斯拉夫語中，意思是「平坦土地」。儘管這個條件讓波蘭現在得以成為「歐盟少有的農業國」，而大獲成功，但在亂世，這一點卻讓他們被視為「侵略起來很簡單的國家」。

匈牙利是亞洲國家還是東歐國家？

在匈牙利，說著烏拉語系馬扎爾語（匈牙利語）的馬扎爾人（匈牙利人），占八六％。據信是隔開歐洲與亞洲的烏拉山脈周邊居民子孫。

再加上世界史教科書提到，匈牙利與亞洲國家一樣，都先報姓氏再報名字，因此有些人不由自主對匈牙利感到親切，容易認為：「匈牙利也屬於亞洲」。

此外，根據會日語的匈牙利人表示，日語的水（mizu），在匈牙利語中唸「víz」；日語的鹽巴（sio），在匈牙利語則讀作「só」，聽起來很相似。

儘管這位匈牙利人說：「語言相似讓我很感興趣，我覺得我們馬扎爾人應該來自亞洲才對。」然而，這是一位長年住在日本，並對日本有好感的匈牙利人想法。在商務場合上，隨口對匈牙利人說「我們同是亞洲人」，卻有可能踩到地雷。我會這麼想的根據如下列三項：

第一，烏拉山脈周邊究竟算不算亞洲，這件事情本身就是問題，儘管那裡莫斯科的東邊，但是真要說的話應該是歐洲。

第二，約九世紀，匈牙利人開始在烏拉一帶生活。由於一千多年前就已經遷徙到歐洲，所以無論是自我認同或是實際情況，匈牙利人都毫無疑問的屬於歐洲人。此外他們也擁有身為歐洲人的驕傲。

第三，匈牙利人擁有曾為歐洲大國的尊嚴。

「既然不是亞洲國家，那匈牙利屬於東歐嗎？」這種想法也不正確。因為他們是曾經席捲歐洲的奧匈帝國後裔。相較於東歐，他們對德國與奧地利更感親切。再加上他們與東歐多數國家不同，並非斯拉夫民族，因此從感覺來說比較接近奧地利或德國。

但正因如此，匈牙利在第一次世界大戰隨著德國陣營而成為戰敗國，於第二次世界大戰，和奧地利一樣，協助納粹德國，留下了歷史上的汙點。

匈牙利在戰敗後，雖然成為由前蘇聯主導的共產主義國家，但是他們的真心話卻是：「我最討厭俄羅斯了！我們又不是斯拉夫人，把我們當成東歐衛星國的一員，實在太不可理喻了。」

至於現在，則是「前蘇聯政權結束，終於回歸原本的歐洲」。

不了解這些脈絡，就表示「匈牙利同屬亞洲」、「因為匈牙利位在東歐，所以與俄羅斯等斯拉夫民族很親近」，會被認為「搞不清楚狀況」而保持距離。

由於匈牙利不屬於斯拉夫民族，所以有許多民族主義型政治家很堅持匈牙利這個身分，並且主張：「住在外國的匈牙利人也應擁有選舉權！」據說住在外國的匈牙利人超過兩百萬人，其中一百四十萬人是羅馬尼亞籍匈牙利人。如果給予他們匈牙利選舉權，將對國際政治造成莫大影響。可以說是今後很容易成為民族問題的緊張關係。

此外，探討匈牙利民族問題時，不可忽視自十五世紀起，就從現在的印度移居至此的羅姆人。他們被稱為吉普賽人，多數人對他們的偏見是一直四處流浪等，但其實有越來越多人找到地方落地生根，許多羅姆人就住在羅馬尼亞與保加利亞。

許多藝術作品都有羅姆人登場，例如，作曲家比才（Georges Bizet）創作的歌劇《卡門》（*Carmen*，見下頁圖）。雖然故事背景是在西班牙，描繪著遭遇歧視與偏見，仍保有羅姆人驕傲的主角卡門。

希臘以前打造歐洲，現在拖累歐洲

繼承了比羅馬帝國還要古老的古希臘血統者，正是希臘人。

儘管他們擁有身為古希臘後裔的驕傲，卻與波蘭一樣體驗了「滅國悲劇」。

▲ 表現《卡門》首演第一幕的版畫。

希臘語是極其古老的語言，是比拉丁語更早的國際語言。以亞蘭語（按：與阿拉伯語和希伯來語屬同一語系，《舊約聖經》中的〈以斯拉記〉和〈但以理書〉就是使用亞蘭語書寫）展開的基督教，在耶穌的門徒保羅用希臘文撰寫《新約聖經》後，才擴散至歐洲全境。因此儘管**希臘地理位置上屬於東歐，卻是打造了整個歐洲的存在**。

順帶一提，現代希臘語與古希臘語截然不同。有大幅變化的其他歐洲語言，也跟古希臘語也不一樣。

然而，現在希臘所自豪的，與其

說是《新約聖經》的語言，不如該說是屬於東正教據點一事。

西元四世紀時，羅馬帝國東西分裂而衍生出東羅馬帝國（拜占庭帝國）位在希臘世界，「拜占庭」就是希臘語。因應東羅馬帝國的誕生，基督教也東西分裂，出現了東正教。東正教在整個斯拉夫民族間散播的同時，也對其文化產生莫大影響。最具代表性的是**俄羅斯使用的西里爾字母，就源自於希臘的希臘字母**。

但是東羅馬帝國在十三世紀初期遭十字軍占據、分割，好不容易重建，卻又於十五世紀遭鄂圖曼帝國攻打，君士坦丁堡淪陷。結果東正教的據點遷往莫斯科，「希臘人的國家」消失很長一段歲月。在鄂圖曼帝國的統治下，他們與許多民族通婚，也有人皈依伊斯蘭教。

在十九世紀之後，希臘終於再度整合成一個國家。然而第二次世界大戰中被德國、義大利、保加利亞占領，戰後在俄羅斯影響下，產生的共產主義與保王黨對立導致內戰頻繁，並且維持了很久的軍事獨裁政權。

儘管希臘是以「歐洲創始者」為傲的民族，經濟上卻常被視為「歐盟的拖油瓶」，實在太過諷刺。

俄羅斯金援經濟困頓的希臘，雖然是因為政治因素而提供幫助，但在這背後，也可能是因彼此宗教信仰相近產生親切感，於是出手幫忙。

前南斯拉夫，因為宗教而瓦解

本書雖然提到「民族是言語、文化、宗教相同的人」，但是實際要定義卻相當困難。世界各地都有民族糾紛，點燃戰火的有時是領土、有時是經濟問題、有時是歧視或貧富差距，此外還有宗教問題。

囊括前述所有問題的，則是前南斯拉夫發生的紛爭。

與希臘同樣位在巴爾幹半島的南斯拉夫王國建立於二十世紀初期。「南斯拉夫」這個名稱的意義，是脫離奧匈帝國，打造南斯拉夫人國家。在改名為「南斯拉夫王國」之前，則是「塞爾維亞人、克羅埃西亞人和斯洛維尼亞人國」（塞爾維亞－克羅埃西亞－斯洛維尼亞國）。對於長年苦於鄂圖曼帝國與哈布斯堡家族統治的南斯拉夫人來說，獨立是渴望已久的殷切盼望。

但是，即使同為斯拉夫民族，讓塞爾維亞人位處核心，對克羅埃西亞人來說可不有趣。於是，在克羅埃西亞人第二次世界大戰中，獨立成克羅埃西亞獨立國。

然而第二次世界大戰結束後，想要避免前蘇聯支配並以斯拉夫人國家運作，就必須團結一致。因此在美國的援助下，擁有自我步調的共產主義國家——南斯拉夫社會主義聯邦共和國成立，成員不只有塞爾維亞、克羅埃西亞與斯洛維尼亞，更聯合了波士尼亞與赫塞哥維納、馬其頓、蒙特內哥羅這些共和國的聯合體，具有「**六個共和國、五個民族、四種語言、三個宗教、兩種文字**」。此外塞爾維亞中，還有佛伊弗迪納與科索沃自治省。

希臘、保加利亞以及南斯拉夫所在的巴爾幹半島，是有「歐洲火藥庫」之稱的紛爭頻繁之地。在鄂圖曼帝國與哈布斯堡家族的統治下，民族與宗教又更加複雜，一直到現代其結構依舊複雜。

即使南斯拉夫裡都是斯拉夫人，其中克羅埃西亞、斯洛維尼亞信奉天主教，文化與宗教都偏近西歐。塞爾維亞則隸屬東正教，可以說是「不折不扣的斯拉夫」。儘管塞爾維亞語與克羅埃西亞語之間的差異很小，卻因為宗教不同，所以使用的文字也不同。

種種因素影響下，一九〇年代克羅埃西亞、斯洛維尼亞都謀求獨立，展開了南斯拉夫的內部紛爭。儘管與多數派塞爾維亞人的想法不同，塞爾維亞堅持以南斯拉夫社會主義國家為目標，因此與期望加入歐盟的克羅埃西亞形成對立，順帶一提，克羅埃西亞的背後有德國的支援。

接著，波士尼亞與赫塞哥維納也開始尋求獨立。波士尼亞與赫塞哥維納的人們同樣說著塞爾維亞語、克羅埃西亞語，但是他們在鄂圖曼帝國統治時期皈依伊斯蘭教，因此被視為「既非克羅埃西亞人，也非塞爾維亞人的獨立民族」。這是宗教造就民族的一個經典例子，但也因此產生悲劇。

無論是伊斯蘭教徒還是基督教徒，大家都以「南斯拉夫人」的身分過著尋常生活。但是某天卻只因為宗教不同，而與鄰居、朋友形成民族上的敵對關係，互相爭奪、殺戮……隨著紛爭陷入泥淖，塞爾維亞內科索沃自治省的阿爾巴尼亞人開始追求獨立並起義。

巴爾幹半島的紛爭，同時也是歐洲天主教（克羅埃西亞人）、斯拉夫東正教

（塞爾維亞人）、中東伊斯蘭教（波士尼亞與赫塞哥維納、阿爾巴尼亞）這三大勢力的鬥爭，可以說是世界紛爭的縮圖。

在聯合國、歐盟與北大西洋公約組織都介入的情況下，隨著二〇〇六年的蒙特內哥羅獨立，南斯拉夫宣告完全解體。

殘留在東歐的鄂圖曼帝國影響

存活至二十世紀的鄂圖曼帝國影響力，比我們想像的還大。

舉例來說，造訪匈牙利等東歐國家的基督教教堂時，有時會覺得「紋路與裝飾像清真寺」。查詢後會發現：「這裡是從鄂圖曼帝國時期的清真寺所改裝。」

鄂圖曼帝國並未強迫人民皈依伊斯蘭教，因此，除了波士尼亞與赫塞哥維納、阿爾巴尼亞外，住在歐洲卻成為穆斯林的人相當少。但也因為這樣，這兩個國家被視為歐洲的異類。

我於二〇一七年造訪波士尼亞與赫塞哥維納的首都塞拉耶佛時，看見明顯是歐洲臉孔的人在清真寺祈禱。

然而鄂圖曼帝國（伊斯蘭教）留下巨大影響力，並未在「多元」上帶來正向效益，反而造就「民族、宗教紛爭」這種負面影響。對有些人來說，南斯拉夫紛爭的殘酷殺戮，至今仍是歷歷在目。

我造訪塞拉耶佛時，聽到住在這裡的日本人表示：

「我們在這裡雇用幾十個當地工作人員，大家都說著相同的語言，也處得很好。但無論看起來多麼融洽，絕不可提到民族跟宗教。或許會想『這個人每週五都會消失一段時間，也許他是伊斯蘭教徒，去參加週五的集團禮拜了』，或因對方的語言，而以為『這個人是塞爾維亞人』，但也許對方其實是克羅埃西亞人。產生這種想法倒是無妨，但重點是絕對不能說出口。」

這與問日本人來自哪裡的性質差異甚遠，已經不是踩雷的程度——看來歐洲的火藥庫還沒清倉完畢。

第8章

俄羅斯與前蘇聯：兼具歐洲與亞洲的兩面性

有一次，我參加美國舉行的國際會議。當時有許多領導能力優秀的專家齊聚一堂，我有幸與俄羅斯參加者對談，所以我問對方：「俄羅斯需要的領導能力與美國不同嗎？」

對方說：「俄羅斯在政治上偏向專制，因此『擁有領導能力』不是好事。出頭鳥可是會被總統打的。」

從他的表情可以看出明顯是半開玩笑，但我卻想「或許這是真心話」。

美國重視自主性，從小學開始就施以「展現領導能力」的教育。許多歐洲國家亦然，甚至自豪「我們從古希臘時代開始，就很重視自由，會依市民意見做出政治決策」。儘管所謂的市民，尚有許多異議（因不含奴隸與底層人），但在歐洲，有一定數量的人認為，「相較於民主的我們，亞洲較專制」，而這裡的亞洲，有時還包括俄羅斯。

「中東、波斯、中國與俄羅斯等東方國家都是專制國家。」儘管認為這是西歐對東方的偏見，實際上還有許多例外，但也有讓人不禁認同的地方。

因為專制有分程度。「只能完全聽從獨裁者」這種專制任誰都會拒絕，但是如果國家元首能做出負責任的決策，且統治程度稍微寬鬆一點，意外的很多人都願意接受。

總是以負責任的態度闡述意見，有時即使意見不同，但仍願意討論到大家都認同為止；相較於聽從他人指示，更傾向走在自己的道路上——這是欲磨練領導能力時，不可或缺的態度，但也有人認為「這樣太麻煩了，很辛苦，我辦不到」。

「相較於一一思考並說出自己的意見，有時討論，有時辯論，我覺得直接遵從領導者的決策比較輕鬆。」接受富領袖魅力的領導者帶領，最好還能在努力的同時獲得對方肯定……我感覺東方世界確實存在這種現象。在西歐人們的眼裡，或許這就是「偏向」專制了。

在俄羅斯的歷史上，確實也有追求領袖是絕對強者的傾向。

農民歸領主所有的農奴制及其他相似的制度，在封建社會時代舉世皆然，但是俄羅斯卻一直持續到十九世紀。根據紀錄顯示，農奴是領主的所有物，無論遷移還是結婚，都必須獲得領主許可，長年被領主買賣。儘管農民發起了數次抗爭，每次遭鎮壓後又會面臨更殘酷的管理。

自由遭剝奪、習慣遵從、放棄自立時，人們還能指望什麼？

結果就是人們把決定權都交給統治者，只祈求「為我改善生活，我遇到困難時請幫助我」。在這種情況下，統治者越強，越有「全盤託付的價值」（當然，不是大家都這樣）。

現在的俄羅斯與十四個國家相鄰。巨大國土與眾多國家相接的國境界線上，很容易與他國發生國防問題。儘管俄羅斯面對北極海，卻因為結凍而無法長期自由航海。**過長的國境線與遭北極海圍繞的封閉感，為俄羅斯帶來對外的恐懼，我認為這也是為什麼他們會追求對外強硬的領袖。**

第一次世界大戰後發生了俄國革命，羅曼諾夫王朝迎來終結。知識階層與市民攜手合作，這點與許多國家民主化的流程相同，但是俄羅斯卻在革命後誕生全球第一個共產主義國家蘇維埃。

由列寧（Vladimir Lenin，蘇俄和蘇聯的主要創立者。見一八〇頁圖）率領的蘇維埃理應是「為士兵與勞工所創的國家」，實際上卻是由共產黨把持權力，祕密警察橫行且控管嚴格的一黨獨裁政權。統治者從皇帝變成共產黨政府，人民仍沒獲得自由，或許就是因此才不崇尚培育個人的領導力等能力。

不論站在中國還是俄羅斯的立場，綜觀這些國家的專家意見等，會發現國家太大而難以整合時，不得不採取一定程度的強權。

▲ 俄羅斯周邊國家的位置關係①。

可是，如果說「大國，等於國土遼闊且人口多的國家」，那麼印度、美國也屬於大國，但並非所有大國都採取強權專制，所以無法一概而論。儘管印度是多民族國家，卻有文化融合的傾向；**而美國在建國過程受影響而獨立心旺盛。這兩國與只能以**

▲蘇俄和蘇聯的主要締造者列寧（1870-1924）

農奴身分生存的俄羅斯人，存在文化與歷史背景的差異。

我們能透過各媒體看見俄羅斯總統普丁（Vladimir Putin）的極大權力，不得不說現在的俄羅斯也屬於專制政權，但是也有批判政府貪汙與普丁政權的阿列克謝・納瓦尼（Alexei Navalny）等年輕政治家登場。或許未來還會出現像納瓦尼這種即使差點被毒殺或被監禁，也不畏懼強權，主張「普丁是把國民當奴隸的裸體國王」的人出現。未來的俄羅斯仍有機會藉由這樣的人們迎來轉換期。

對西歐的情結，對外國政權的恐懼

提到俄羅斯人時，許多人腦中會浮現白人面孔，但其實有些俄羅斯人擁有「亞洲人臉孔」，列寧就是其中之一，據說他擁有蒙古裔血統。此外，任職到二〇二一年底的俄羅斯國防部長，也是蒙古裔。除了曾為中亞的前蘇聯國家，現在的俄羅斯亞裔人並不罕見，由此可以看出韃靼人（按：廣義指俄國境內使用突厥語各族的統稱）的枷鎖——十三世紀受蒙古統治——至今仍然存在。蒙古裔在統治中亞等的過程中，有許多人皈依伊斯蘭教。這正是俄羅斯蒙古裔，也就是剛才所說的韃靼人有許多伊斯蘭教徒的原因。

斯拉夫民族融入蒙古裔血統後，除了文化變得更加豐富，俄羅斯人也對西歐產生了情結。

儘管俄羅斯自認屬於歐洲的一員，卻因為與核心區域距離太過遙遠，被歐洲各國視為偏近亞洲國家。我深刻感受到這件事情，是前陣子欣賞以葉卡捷琳娜二世（Catherine II）為主題的國外電視劇時。普魯士裔貴族之女蘇菲亞（婚後改名為葉卡捷琳娜）在與俄羅斯皇帝的外甥（後來的彼得三世）談及婚事時，說：「俄羅斯是亞洲國家對吧？」

這齣電視劇由俄羅斯電視臺製作，可以說「對當時普魯士貴族來說，俄羅斯就像亞洲國家」，至今仍是俄羅斯人的認知（自認為歐洲人的俄羅斯人也很多，因此心態因人而異，表達時應慎思）。

除了電視劇以外，俄羅斯抱持的「歐洲情結」也隨處可見。十九世紀的俄羅斯貴族會用法語對話，聖彼得堡也打造得比歐洲更像歐洲，這些都展現出俄羅斯人的情結。我曾造訪聖彼得堡的艾爾米塔什博物館（Hermitage Museum，見左圖）——「艾爾米塔什」在法語中，意思是隱居處——儘管讚嘆俄羅斯藝術之美，卻也對達文西（Leonardo Da Vinci）的〈紡車邊的聖母〉（*Madonna of the Yarnwinder*）、林布蘭（Rembrandt）的〈浪子回頭〉（*The Return of the Prodigal Son*）、莫內（Claude Monet），以及雷諾瓦（Auguste Renoir）等非俄羅斯的歐洲繪畫之多感到震驚。從葉卡捷琳娜二世與俄羅斯貴族大量收購西歐繪畫收藏品中，能感受到他們的歐洲情結。

沒有方言的有識者國度——俄羅斯

儘管國土遼闊，俄羅斯卻沒有方言。通常從根據地侵略他國等以擴張領土時，

▲ 位於俄羅斯聖彼得堡的藝術文化博物館——艾爾米塔什博物館，保存超過三百萬件文物。

本國語言會與當地語言混合成方言。但是俄羅斯帝國與前蘇聯欲將領土往東邊延伸，而執行俄羅斯人移居西伯利亞、堪察加半島與千島群島的政策時，由於目標地區的人口極少，所以當地語言都直接轉換成俄羅斯語。

我曾詢問過專門研究西伯利亞眾多少數民族俄羅斯的專家，對方表示：「因為人數過少，所以就同化了。」我想是因為對人類來說，那是難以生存的嚴寒地帶所造成的。儘管俄羅斯也歧視少數民族，但也實施了優待少數民族的政策，甚至達到人們表示「非俄羅斯人比較容易進大學」的程度。

這是件複雜的事情，對俄羅斯人來說「以少數民族為優先太奸詐了」，對少數民族來說「即使多少有獲得優待，但是我們被歧視，也被俄羅斯人打壓」。這樣的關係與中國的漢族與少數民族之間相非常相似，隔閡並非能夠簡單消除的。

儘管「政治專制，語言單一」聽起來蠻橫，但俄羅斯仍然是不折不扣的成熟藝術國度。

雖然對西歐抱有情結，但至少十九世紀起的俄羅斯藝術文化，已與西歐不相上下。柴可夫斯基（Tchaikovsky）的音樂未侷限在音樂界，在芭蕾舞界同樣綻放非凡，此外，俄羅斯也誕生杜斯妥也夫斯基（Fyodor Dostoevsky）、托爾斯泰（Leo Tolstoy）等文豪。托爾斯泰的思想以博愛與禁慾主義聞名，可以感受到他呼籲現代人，應互助合作並互相融合。

與俄羅斯專家討論時，經常聽到這樣的意見：「俄羅斯整體國民的文化素養很高」。原因眾說紛紜，像是氣候寒冷使他們長時間待在家，有更多思考時間，或蘇聯時代將教育制度普及至全國等。我想是中央集權發揮了正向效果，曾致力於提升整個民族文化素養所致。

烏克蘭：俄羅斯的對手，也是俄羅斯前大本營

幾乎曾屬於蘇聯的國家，都表示「超討厭俄羅斯！」但白羅斯卻一向被視為親俄國家，其文化也幾乎與俄羅斯一體化（按：gleichschaltung，納粹術語，指納粹政權統一整個公眾和私人的社會和政治生活，建立協調並加以絕對控制的進程）。

另一方面，烏克蘭則是俄羅斯的競爭對手，但也有人認為「烏克蘭才是俄羅斯的大本營」。

堪稱俄羅斯歷史起源的基輔大公國，就位在現在的烏克蘭。由於弗拉基米爾大公（按：中世紀俄羅斯封建分裂時期，弗拉基米爾公國統治者的稱號）決定接納東正教才有現在的俄羅斯。其實，當時也有機會接受伊斯蘭教。若那時候選擇伊斯蘭教，之後就不會出現共產主義與東西冷戰，世界或許會截然不同吧。

有人推測，俄羅斯不可能選擇伊斯蘭教，是因為俄羅斯在嚴寒地帶，很難遵守

「嚴禁飲酒」這個戒律。從這個角度來看，或許是伏特加改變了世界。

根據俄羅斯專家的說法，有些俄羅斯人認為：「儘管因為諸多情況而分成兩國，但烏克蘭終究是俄羅斯的大本營。」

擁有聖索菲亞主教座堂等東正教重要教堂的烏克蘭，如今已經是親近西歐的國家，對此，俄羅斯大概會認為：「喂，我們明明是擁有相同文化與宗教的夥伴，你到底在搞什麼！」雖然俄羅斯語與烏克蘭語不同，但非常相似，因此烏克蘭有很多會說俄羅斯語的人。

但站在烏克蘭的角度，卻產生「我們才是俄羅斯的始祖，比俄羅斯，烏克蘭更具歐洲風範且成熟」的驕傲，更主張「烏克蘭和俄羅斯不一樣」。此外，烏克蘭東邊住有許多俄羅斯人，國內也有東西對立結構。這些都使烏克蘭的情勢變得複雜。

遭大國併吞，克里米亞與車臣的反彈

二〇一四年，原屬烏克蘭領土的克里米亞半島（簡稱克里米亞）遭俄羅斯併吞。簡單來說，俄羅斯想要掌控黑海，就需要克里米亞。此外，這裡的俄羅斯裔居民很多也是一大原因。

但追溯歷史就可以知道，克里米亞半島並非俄羅斯裔的土地。他們深受鄂圖曼帝國的影響、韃靼人很多等，具備了多民族要素。因此不難想像，從被編入蘇聯時期開始，該地公民就有所反彈。

但俄羅斯是強權國家，所以仍發配俄羅斯國籍與護照，給曾屬於烏克蘭國籍的克里米亞人。儘管國籍可以選擇，但選烏克蘭國籍，就算一出生就住在克里米亞，仍會變成「住在俄羅斯的外籍人士」。

此外，比克里米亞更嚴重的問題，是在俄羅斯國內被視為禁忌話題的車臣共和國問題。車臣人是高加索出身的伊斯蘭教徒，主張自己不是俄羅斯人。

在十九世紀，因俄羅斯帝國入侵高加索地區而爆發高加索戰爭，最終高加索地區仍遭俄羅斯併吞（按：高加索地區有數個自治共和國分布在這裡，車臣是其中之一）。蘇聯時代，車臣以自治共和國的身分加入，卻在第二次世界大戰中，因史達林毫無根據的猜忌，導致許多車臣人遭強制送往西伯利亞。

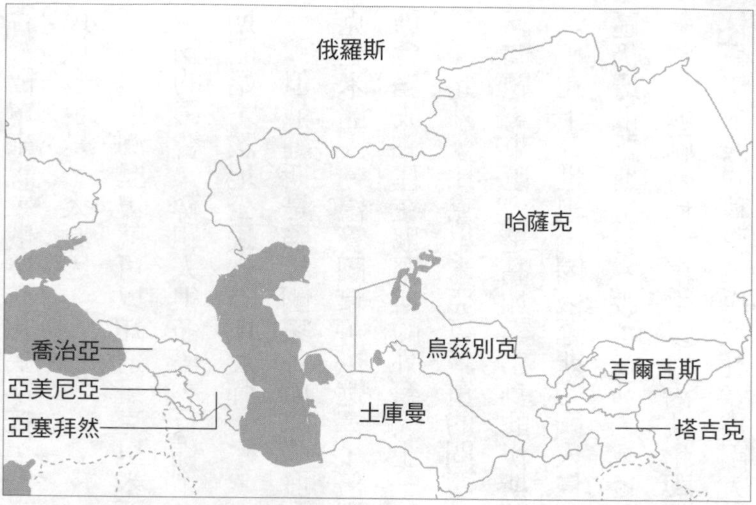

▲ 俄羅斯周邊國家的位置關係②。

蘇聯解體後，車臣又被俄羅斯聯邦接收，但他們不斷發起獨立運動，一九九〇年代發生第一次與第二次車臣戰爭。甚至還有伊斯蘭教激進派組織參與恐怖攻擊，至今仍看不見解決的曙光。

即使車臣人的國籍為俄羅斯，但在他們的認知裡，自己絕對不屬於俄羅斯人，甚至可以說是非常厭惡。

高加索與中亞的遺恨，以及亞美尼亞的離散

據信，位在裏海西側的高加索地

區，是印歐語系族群的起源，可謂民族的十字路口。分布在高加索地區的國家中，亞塞拜然的穆斯林數量壓倒性多，且為土耳其裔的什葉派，是全球少數以什葉派居多的國家之一。

我受友人之邀前往**亞塞拜然**演講時，看見街景洋溢俄羅斯風情，**到處都是俄羅斯文的招牌，但亞塞拜然人卻非常厭惡俄羅斯**。不僅宗教不同，民族也不一樣——亞塞拜然人是土耳其裔，俄羅斯人屬於斯拉夫民族。儘管如此，亞塞拜然在強權下遭納入蘇聯，一九九一年蘇聯解體時，他們便馬上獨立。

喬治亞與亞美尼亞有許多東正教信徒，但畢竟不是斯拉夫裔，所以與俄羅斯人之間仍有差異。**二〇〇八年，被視為「二十世紀第一場歐洲戰爭」的喬俄戰爭，就是喬治亞與俄羅斯為了爭奪喬治亞領土奧塞提亞而戰。該問題至今仍未解決。**

「我討厭俄羅斯，但是更討厭土耳其。」這是生活在高加索南邊的亞美尼亞心聲。亞美尼亞人的國家從古代就建立，在三〇一年（比羅馬帝國更早）就將基督教定為國教，可以說是「真正的基督教第一號門徒」。但亞美尼亞王國在五世紀瓦解，亞美尼亞人踏出國門離散至世界各地。我想，繼猶太人後第一個適用流散

（diaspora）一詞，當屬亞美尼亞人。

再加上第一次世界大戰時，亞美尼亞人曾遭遇土耳其的大屠殺。由於俄羅斯與土耳其均不認帳，所以至今仍是歐洲政治的大問題。

裏海東側為中亞。曾經有許多四處移居的游牧民族，而且民族特徵和宗教都很相似，其中哈薩克、烏茲別克、土庫曼、吉爾吉斯都是土耳其裔的伊斯蘭教徒。只有塔吉克是伊朗裔伊斯蘭教徒。

姑且不論這些國家是否認為：「俄羅斯人擅自前來劃分國界並加以掌控。」但普遍同意，「俄羅斯周邊沒有喜歡俄羅斯的國家」。

一路遭俄羅斯蹂躪的波羅的海三小國

日本掀起到芬蘭旅遊風潮時，愛沙尼亞與拉脫維亞也因觀光勝地而備受矚目。從芬蘭的赫爾辛基搭乘渡輪到愛沙尼亞的塔林，只要兩個小時，因此「週末去物價便宜，且許多商品可愛又有特色的愛沙尼亞購物」的芬蘭人並不罕見。

愛沙尼亞、拉脫維亞與立陶宛所組成的波羅的海三小國，曾被俄羅斯帝國統治。我造訪各國時會盡量前往該國的歷史博物館，而愛沙尼亞的博物館有宗旨說明：「世界最被打壓的民族的博物館」。我在詳細了解他們被俄羅斯打壓的歷史後，訝異不已。

波羅的海三小國並非斯拉夫裔，也不信奉俄羅斯正教，各有各的特色。愛沙尼亞人民使用與芬蘭相近的烏拉語，且是基督新教國家；拉脫維亞受德國影響甚鉅，有許多德裔工匠。他們使用印歐語系的波羅的語，雖然以基督新教徒居多，但也有天主教徒；立陶宛也使用波羅的語，因十六世紀成立波蘭立陶宛聯邦後，慢慢受到波蘭影響，越來越多人信奉天主教。儘管不屬於斯拉夫裔，但立陶宛理所當然的與波蘭關係密切。

由於篇幅有限，所以這裡僅寫出重點而已，不過我想傳達的是，請不要因為他們是相鄰的小國，就以「波羅的海三小國」這樣一概而論，這些國家都各有特色豐富的民族性。

這三個國家最大的共通點，是都遭俄羅斯蘇聯統治且感到非常屈辱。蘇聯瓦解時，立陶宛也與蘇聯軍發生過武力衝突。現在的波羅的海三小國同樣討厭俄羅斯，因此便一起加入歐盟，使用的貨幣為歐元。

蘇聯之父不是俄羅斯人

曾經組成蘇聯的國家都因被統治，所以基本上對俄羅斯都抱有負面情感。再看看其他地區，法國、德國、英國、波蘭等西歐國家，也因敵對關係或受到俄羅斯專制政權的影響，而不太有好感。

土耳其因俄羅斯的南下政策導致領土慢慢遭掠奪，所以同樣討厭俄羅斯。如前所述，儘管烏克蘭與俄羅斯根源密切，卻形成「因為鄰近所以厭惡」的關係，因此，若說只有俄羅斯自己跟白羅斯喜歡俄羅斯，意外的符合實際情況。

但是我們不可以忽視的，是俄羅斯對其他民族的寬容。「俄羅斯不是將許多民族組成衛星國，然後統治他們嗎？」這只是膚淺的看法，**事實上俄羅斯曾接納非俄羅斯人。**

舉例來說，蘇聯之父——史達林（見左圖）出身於喬治亞。儘管不是俄羅斯人卻在此出人頭地，長年穩坐蘇聯領袖的寶座。此外，喬治亞前總統謝瓦納茲（Eduard Shevardnadze）在蘇聯時代，曾任蘇聯外交部長。

儘管主張「大國俄羅斯」卻擁有接納其他民族的土壤，應該是因為曾為帝國的關係。鄂圖曼如此、羅馬亦是，大唐帝國同樣也接受了許多他國留學生。

另外，俄羅斯因將其他民族居住的國家視為衛星國來統治，之後嚐到了「苦澀的反撲」。

▲蘇聯之父約瑟夫・史達林（1878–1953）。

「要統治一個地區將其蘇聯化，就必須打造成俄羅斯人的國家。」俄羅斯以這樣的政策鼓勵人民移居，讓許多俄羅斯人住在各國並擔任該國或省的要職。但是蘇聯瓦解後就成了不同國家，導致立場逆轉——他們突然變成「住在我們國家、名為俄羅斯人的少數民族」。住在反俄羅斯情緒強烈的國家，如波羅的海三小國的俄羅斯人，即使「想回俄羅斯，想取得俄羅斯國籍」，國家也不願意輕易協助。統治時代的憤恨與煎熬，轉化成了對俄羅斯人的歧視。

強權俄國，包容亞洲

「我們今後該如何與俄羅斯人往來？」我有時會收到這樣的問題，如前所述，我總說：「不要隨意一概而論，要以個人對個人的方式禮貌以待。」

俄羅斯在第二次世界大戰違反中立條約攻打日本，最近又實施網路攻擊等，以國際政治來說「俄羅斯經常違反約定」。第二次世界大戰的違約與北方領土問題，是「討厭俄羅斯」的日本人常提到兩大主題。再加上俄羅斯曾為共產主義，讓人產生「不知道在做什麼的政府」負面印象。

但即使國家是這樣，從文化與民族的角度人來看，俄羅斯人卻有包容亞洲的環境。畢竟是被視為「歐洲與亞洲中間」的國家，我那些與俄羅斯有商業往來的朋友、認識的人，就異口同聲的表示：「相較於西歐的人，俄羅斯人比較好相處。」

俄羅斯人很少有民族方面的偏見，最具象徵性的事件中，我認為江戶時代漂流民（按：因船難等而無法控制船隻，只能在海上漂流的人）一事非常有趣。江戶時代有相當多日本漁夫漂流到俄羅斯統治的千島群島、堪察加半島。他們回不了鎖國中的日本，所以許多人與俄羅斯人結婚，連子孫也繼續待在俄羅斯。或許頂多幾十個人與俄羅斯人結婚生子而已，卻是歷史上的事實。

另一方面，漂流到美國的約翰萬次郎（按：促進《日美親善條約》的日本教師）雖然受到厚待，卻沒有與美國人結婚，因為當地人只將他當成異族接納而已。從這個例子中，我認為**俄羅斯人比較不帶偏見，擁有接受其他民族的寬容**。我曾經針對這一點向俄羅斯專家求教，得到的回應是「確實有這個可能性」。

漂流到俄羅斯的日本人中，最有名的就是大黑屋光太夫。「我不願意皈依俄羅斯正教並住在俄羅斯，我想回到故鄉。」葉卡捷琳娜二世接見了如此主張的他後，表示：「太可憐了，送他回去吧。」大黑屋光太夫終於得以從根室（按：位在日本北海道）回到日本。當然野心勃勃的葉卡捷琳娜二世可不是單純溫柔而已，她應該是將其視為「與日本交易，可以的話就出手侵略」的好機會。即使扣除這個事件，仍然足以感受到俄羅斯的胸襟廣闊。

對日本來說，因為地政學方面的關係，無法擺脫大國俄羅斯，所以商務人士不應僅知道表面上的惡評，也應認識「斯拉夫人的溫暖」。

第四部

在分裂中
受苦的中東、非洲

第9章

中東：阿拉伯、土耳其、伊朗三大民族

「中東紛爭頻繁。」、「民族與宗教之間的糾葛很複雜，令人難以理解的地區。」我想應該很多人都對中東抱持如此印象。

近年中東確實有很多紛爭，其原因基本上就是民族、宗教問題與經濟問題。

中東，不是民族大熔爐

但含北非在內的中東，其實也沒有幾十個民族交織出複雜生活。

如此遼闊的土地上雖然住有超過五億人，實際上只有阿拉伯人、土耳其人、伊朗人、住在以色列的猶太人，以及住在土耳其、伊拉克、伊朗領土的庫德族，這些幾乎等於中東主要的民族陣容。撒哈拉沙漠住有柏柏人、伊朗人與亞美尼亞人等民族，但是相較於歐洲、非洲與印度，中東的民族結構意外好理解。

宗教方面則是伊斯蘭教占大多數，少數派則有基督教與猶太教。伊斯蘭教中分有遜尼派與什葉派，中東的基督教有許多派系，但是相較於歐洲、印度與東南亞，**中東的宗教分布稱不上特別複雜**（當然不否認中東**有複雜的宗教鬥爭**）。

綜前所述，與其他地區比起來，「中東是民族大熔爐」並非精確的表達方式，儘管如此，大多數人都「中東危險又複雜」的印象——關於這一點，我認為有下列四個理由。

第一點是以色列與安全保障的問題。

背負著猶太民族懇切心願的以色列，建國於一九四八年。但這塊土地不是兩千年來都空著沒人用，對於原本就住在以色列的巴勒斯坦人來說，卻是國土遭掠奪並被迫移居的悲劇開端。因此以色列建國後七十五年間，發生了各式各樣的紛爭。

此外，巴勒斯坦背後存在中東伊斯蘭教眾國，以色列背後則有歐美，因此深化了對立。有許多猶太民族住在美國，在美國政府內展開強力的遊說行動，因此以色列的國防問題也成為美國的國防問題，這使美國加強介入中東方面的安保措施，卻導致中東情況更加複雜。

第二點是伊朗與美國的嫌隙。

直到一九七九年為止，伊朗是親歐美的國家，當時的國王李查·巴勒維（Reza Pahlavi）與美國、英國構築緊密關係。

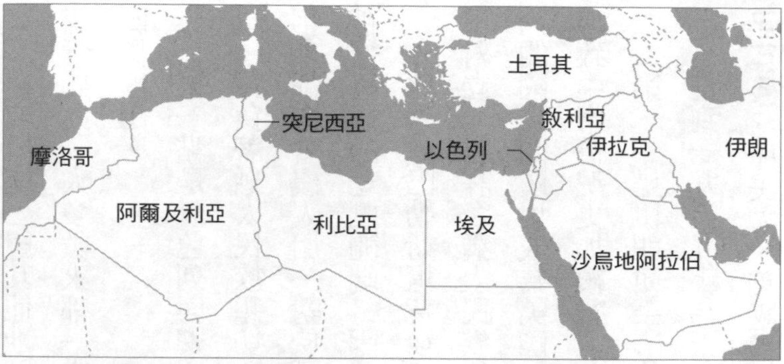

▲ 中東周邊國家的位置關係圖。

美國、英國會與伊朗建立緊密關係，是為了確保石油開採權。此外，也企圖藉由幫助伊朗的近代化與民主化，來對抗蘇聯的共產主義勢力。這是第二次世界大戰前，掌控伊朗石油產業的英國及西方各國的意圖。

但對伊斯蘭教保守派來說，要接受歐美風格的文化等，簡直荒謬絕倫，最終招致伊朗革命，巴勒維因而失勢。隨著伊朗伊斯蘭共和國成立，什葉派最高領袖何梅尼（Ruhollah Khoheini）站上頂端，一口氣將伊朗翻轉成反美國家。

徹底造成伊朗與美國關係惡化的，是一九八〇年的伊朗人質危機。伊朗也與親美的以色列形成敵對關係，兩國至今仍爆發著各式各樣的戰爭，從實質武裝攻擊到網路攻擊都有。

第三點則是伊朗與其他阿拉伯各國的關係。

即使伊朗同樣屬於伊斯蘭教國家，卻是什葉派，什葉派占了國民九五％。全球伊斯蘭教徒中，有九〇％是遜尼派，什葉派僅一〇％而已。

但是伊拉克、亞塞拜然、巴林都是什葉派比較多，此外沙烏地阿拉伯以東部為中心也有一定數量的什葉派。

發生伊朗革命時，伊拉克因為「要是我國什葉派也像伊朗那樣掀起革命，可就糟了！」而格外警戒。伊拉克首都巴格達長年被波斯統治。正因如此，伊拉克的什葉派至今仍不算少。

兩伊戰爭於一九八〇年爆發，起因是當時的伊拉克總統海珊（Saddam Hussein）為了封鎖什葉派勢力與石油，而攻擊剛經過革命的伊朗。由於伊朗對美國來說是敵國，再加上美國因想要石油而支援伊拉克。遜尼派的阿拉伯各國都屬於伊拉克陣營，不只美國，連蘇聯、中國、英國、法國也支持伊拉克，後來這場讓伊朗四面楚歌的戰爭打了八年。

第四點則是伊斯蘭基本教義。

伊斯蘭教徒雖追求和平，但一部分人追求極端基本教義思想，將理想訴諸恐怖攻擊等行為。激進基本教義的背景包括貧富差距、反彈歐美掌控中東等許多因素。激進基本教義也分成蓋達組織（按：賓．拉登成立的伊斯蘭教軍事組織，策劃多宗主要針對美國的恐怖襲擊，被聯合國安全理事會列為世界恐怖組織之一）、伊斯蘭國（按：IS，宣稱自身對於整個穆斯林世界擁有統治地位，目前致力在伊拉克及沙姆地區建立政教合一的伊斯蘭國家）、塔利班（按：為阿富汗目前的實際掌權組織。該組織在加拿大、俄羅斯、哈薩克等國被認定為恐怖組織）等許多派系，並且互相爭奪著勢力。

如此伊斯蘭基本教義的存在，使中東情勢更加複雜了。

題外話，在日本，媒體總抱著「中東國家跟我們沒什麼關係」的心態，所以只有發生戰爭或恐怖攻擊等大事件時才會報導。可以說，因為總是報導歷史留名的悲慘事件，日本人才會產生「中東紛爭很多」、「中東很恐怖」的印象。

我在外務省工作的時期，中東觀察員自嘲：「我們會十年突然受矚目一次，然後又立即被遺忘。」

以「中東專家」的身分評論的人們，在伊拉克戰爭開打時連續幾天出現在電視上，過沒多久又消失得無影無蹤。再度現身的時機大概是「發現海珊總統了！」「賓・拉登在哪裡？」的時機吧。

我想，**除了日本，全球各地其實都非常關注中東**。

舉例來說，美國政治裡有許多猶太人參與，也相當盛行關說行動。對他們來說，**中東是必須隨時留意的地區，石油開採權也不容忽視**。雖然美國很重視崛起速度甚劇的中國，但像**《紐約時報》（*The New York Times*）等大型媒體對中東的報導程度堪比中國，甚至可能超越中國**。只要是對東海岸國際政治敏感的人，這都是永遠必須關注的事情。

而歐洲與中東地理位置相近，羅馬帝國曾支配中東地區。不僅鄂圖曼帝國統治過東歐，鄂圖曼帝國瓦解後的歐洲列強也將中東納為殖民地。甚至派十字軍前往中東，企圖奪回聖地耶路撒冷。歐洲與中東可以說是統治與被統治、攻擊與被攻擊的關係。近年來自敘利亞等中東地區的難民大量進入歐洲，也釀成嚴重的社會問題。

美國、歐洲、亞洲有一定的數量伊斯蘭教徒。伊斯蘭教是與政治非常相近的宗教，所以具有政治上的影響力。

不怎麼重視中東的日本，在國際社會反而是少數派。嚴格來說，不太具備世界常識。此外，也有日本人表示「阿拉伯語是特殊語言」，但這是有四億人使用的語言；對全球共有十八億的伊斯蘭教徒來說，阿拉伯語是寫在《可蘭經》的神聖語言。從全球的角度來看，冷門且特殊的應該是日語才對。

曾握有千年霸權的波斯民族

日本發行有關中東的書籍或部分政府相關人士的發言，會表示「中東就是阿拉伯國家」。曾在中東擔任外交官的我對此感到有些擔心，因為「中東等於阿拉伯」這種先入為主的觀念，會讓我們無法理解很多事情。

思考中東民族時，可先把他們概分為「阿拉伯人、伊朗人、土耳其人」三種。在定義阿拉伯人之前，應先理解伊朗人不是阿拉伯人。

伊朗人主要是波斯民族，原本屬於印歐語系。二二六年至六五一年間的波斯帝國薩珊王朝時代為祆教，六四二年打輸阿拉伯後稱臣，此後便接受了阿拉伯文字與伊斯蘭教。如果當時波斯接受的不是伊斯蘭教，而是基督教，現在世界大概會不太一樣吧。

我認為理解伊朗的關鍵，在於他們的自尊心。

因為伊朗是具備歷史文化的大國。

「我們是中東歷史最悠久的波斯民族，波斯帝國的阿契美尼德王朝存續一千年，甚至曾與古希臘競爭霸權。」古希臘人也曾對波斯表現出恐懼，指其為「擁有極強大且先進的軍事能力之國」。

或許是曾為大國的影響，現在的伊朗整體居民的文化素養都相當高。伊朗首都德黑蘭的街景，有媲美歐洲街景的成熟區域。伊朗第三大城市伊斯法罕（曾為波斯帝國薩法維王朝首都），是如同日本京都、奈良的文化之都，此外備受國際讚譽的伊朗電影種類多元，從動作片到劇情片應有盡有且很受歡迎。

正因為伊朗人的自尊如此之高，所以絕對不可以對此有所冒犯。

儘管屬於什葉派，但畢竟同屬於伊斯蘭教，因此伊朗人使用的波斯語，不論是文字或發音，都與阿拉伯語相近，源自於阿拉伯語的波斯語也很多。我懂阿拉伯文，因此能區分阿拉伯文和波斯文，但對一般人來說，兩種文字看起來簡直一樣。但不能因為這樣，就說伊朗等同於阿拉伯。

稍微比喻的話，伊朗與阿拉伯的關係就如同日本與中國。日中均有大乘佛教、使用漢字，不少日文源自於漢文。但若聽到其他國家的人說：「中國與日本一樣。」雙方都會主張：「完全不同！」

曾享有榮光卻淪為少數派，反而使伊朗人更加驕傲。從某個角度來看，歷史比阿拉伯人悠久的伊朗人，強烈不願意與阿拉伯人相提並論。

土耳其：東與西、宗教與民族，合而為一

中東的非阿拉伯人——土耳其人的起源，是中亞游牧民族突厥裔。畢竟曾為世界大國，所以今日的土耳其是突厥裔與許多民族混合而成。現在只要國籍為土耳其，都稱為土耳其人。包括其他中亞在內的整個突厥民族，通常會稱為土耳其裔。

土耳其人的歷史源自十一世紀初期創立的塞爾柱王朝。由於他們已經接納了伊斯蘭教，因此與東羅馬帝國一戰，不斷將勢力往西邊擴大，最終甚至到達地中海。

塞爾柱王朝在十字軍的攻擊下，於十二世紀滅亡，後來又出現數個伊斯蘭王朝，最後，西亞的鄂圖曼王朝在十三世紀尾聲嶄露頭角。原本是武鬥派游牧民族的鄂圖曼一世，同樣將勢力往西邊推進。

對基督教國家來說，這就像遭塞爾柱王朝攻入的惡夢加強版——十五世紀君士坦丁堡淪陷，曾為伊斯蘭世界宿敵的東羅馬帝國滅亡。鄂圖曼帝國將愛琴海至黑海，都視為「我們的海」。

十五世紀至十六世紀，從中東、北非、歐洲到中亞這麼遼闊的地區，都深受哈布斯堡家族與鄂圖曼帝國影響。與歐洲、俄羅斯持續征戰的鄂圖曼帝國，在二十世紀後滅亡，由此即可看出他們在如此漫長的歲月中，作為大帝國繁榮的過去。

對於歐洲人，尤其是基督教徒來說，鄂圖曼帝國等於充滿威脅的痛苦歷史。但對土耳其人與伊斯蘭教徒來說，卻是洋溢榮光的歷史。

土耳其裔的民族特徵就在於多元化。

擁有廣大領土使他們至今能與各種民族交流、混血。此外，他們接受伊斯蘭教的時間比阿拉伯人還要晚，因此，發揮原本民族性的同時，融合阿拉伯世界與歐洲世界的影響，開創出獨特的文化。

舉例來說，土耳其語屬於中亞主要在用的阿爾泰語系，但受到阿拉伯半島的亞非語系——阿拉伯語的影響相當大。

我欣賞土耳其電視劇時，有一大樂趣是留意土耳其語臺詞中，有哪些跟阿拉伯語相同。舉例來說，母親（wâlida）一詞，土耳其語與阿拉伯語一樣。現在的土耳其使用全音素文字，但是鄂圖曼帝國時代使用的是與阿拉伯文相似的文字。

此外，土耳其擁有比其他伊斯蘭教國家更包容西歐文化的歷史，近代也積極與西歐交流，甚至一直到幾年前都還在認真討論加入歐盟。

雖然在秉持回歸伊斯蘭主義的總統艾爾多安（Recep Tayyip Erdoğan）執政後，土耳其加入歐盟的跡象消失，但是具有全球影響力的英國週報《經濟學人》（*The Economist*）卻將土耳其列在歐洲項目。至今仍自認為是「歐洲一員」的土耳其人不少，尤其土耳其商務人士不僅會說流利英語，散發出「我們與西歐差不多」

氣息的人也不罕見。不過，土耳其仍存在虔誠的伊斯蘭教徒，所以有一些地區與家庭保有「女孩子不能出去玩」等習慣與風俗。

沒有國家的最大民族——庫德族

鄂圖曼帝國瓦解後變成土耳其人率領的土耳其時，庫德族成為失去國家的民族。人稱「沒有國家的最大民族」，推算人口約有三千萬人到四千萬多一些，人數與阿根廷、烏克蘭沒有太大差異。

庫德語在語言學上是與伊朗相近的印歐語系。庫德族裡有許多伊斯蘭教徒，幾乎都屬於遜尼派，另外也有極少數的基督教徒。他們擁有跨越伊朗、伊拉克、土耳其、敘利亞國境的居住區——庫德斯坦，但是他們的生活並不平靜。無論是哪個國家，都視他們為「礙眼的少數民族」而加以打壓。

庫德斯坦地區原本是鄂圖曼帝國的一部分，由於鄂圖曼帝國太過遼闊，所以一直以來都直接接受了各式各樣的民族，使庫德族得以毫無阻礙的生活，然而鄂圖曼帝國在第一次世界大戰中敗北後逐漸瓦解。

國土縮小，只剩下小亞細亞與歐洲大陸的一部分，並且成為說著土耳其語，專為土耳其人存在的國家，而這樣的國家表示：「土耳其人以外的人請離開。」

再加上英國、法國與俄羅斯藉由一九一六年的賽克斯－皮科協定「悄悄瓜分鄂圖曼帝國」時，竟然將界線畫在庫德族所住的區域，為他們帶來了更多的不幸，庫德族就這樣失去了家園。隨著十八世紀起民族國家的成立，而踏上不幸道路的有猶太人、內蒙古人等，庫德族也是其中一員。

需要注意的是，雖然世界史教科書給予近代民族國家的成立正面評價，但同時也帶來了這種嚴重的負面作用。

此外，兩伊戰爭時雙方都利用庫德族擾亂敵方，結果一九八八年時伊拉克軍屠殺了五千名庫德族（按：即哈拉布加大屠殺，此次襲擊是安法爾屠殺的一部分，是歷史上針對平民居住區最大規模的化學武器襲擊。而安法爾屠殺造成的死亡人數，庫德斯坦官方聲稱，受害人數可能高達十八萬人）。

二〇一一年敘利亞開始內戰後，庫德族也為了追求自治而參戰。二〇一九年土耳其攻擊了敘利亞的庫德族自治區，庫德族也無法擺脫激進派組織ＩＳ……他們要迎來和平的日子，恐怕還要等待很長一段時間。

現在住在土耳其的庫德族數量最多，但追求自治與獨立的庫德族受到土耳其的歧視與鎮壓，雙方關係緊繃，處於非常敏感的狀態。因此遇到土耳其人時，建議避免提到庫德族。

儘管鄂圖曼帝國的後裔——土耳其人原本就是具多樣性特徵的民族，卻在**成立近代民族國家土耳其後，開始排除其他民族。**

「為民族所建立的國家」雖然聽起來很理想，但切勿忘記這往往伴隨著少數群體失去歸屬的問題。

「阿拉伯人」，很難定義

接下來要認識中東多數派——阿拉伯人。

阿拉伯人是主要源自於住在阿拉伯半島的游牧民族。穆罕默德在七世紀時創立伊斯蘭教，這些游牧民族與伊斯蘭教徒融合，變成現代的阿拉伯人。一般來說阿拉伯國家聯盟指的是，北至敘利亞、南至蘇丹、東至伊拉克、西至茅利塔尼亞等加盟國家。

現在所指的阿拉伯人，一般為「使用阿拉伯語、擁有阿拉伯文化的人。閃姆裔民族」，但是符合範圍太廣，所以很難明確的定義。也正因為人們還在討論有關阿拉伯人的定義，所以**目前推測的阿拉伯人數範圍相當大，有三億五千萬人至四億兩千萬人之間**。

第二次世界大戰時，阿拉伯國家聯盟，雖是為求阿拉伯民族的地區互助合作而成立，但也不代表「阿拉伯國家聯盟都是阿拉伯人」。

「加入阿拉伯國家聯盟後，將官方語言改成阿拉伯語的茅利塔尼亞，也屬於阿拉伯國家嗎？不，那裡也有很多人使用柏柏語或是當地的其他民族語言。」、「摩洛哥有阿拉伯人，但是也有很多柏柏人。」這些討論尚無結論。

一般未被歸類為阿拉伯人，但是卻精通阿拉伯語的阿富汗部分伊斯蘭教徒等，也算是「偏近阿拉伯人的人」。

本書以「全球約有四億名阿拉伯人」為前提繼續討論。

在阿拉伯語中，有「阿拉伯民族」（qawm）與「阿拉伯民族中的一國」（watan）。一九五〇年代至一九六〇年代，曾有「屬於阿拉伯民族的國家團結一致！打造阿拉伯民族國家」的運動，因此有段時間埃及與敘利亞合而為一。

這場運動失敗的原因，與阿拉伯人定義難處相同，因為遼闊土地中有太多人都屬於「阿拉伯民族」。這點與中南美有些類似，然而他們一直到第二次世界大戰為止，不是被歐洲不同國家殖民，就是深受鄂圖曼帝國統治的影響，也有人不接受這個運動，因此始終難以團結一致。

造就伊斯蘭教徒的阿拉伯人驕傲

阿拉伯人共通的驕傲，是「阿拉伯人是伊斯蘭教的起源與最正統的血脈」。穆罕默德逝世後到倭瑪亞王朝時期，都由說著阿拉伯語的阿拉伯人統治伊斯蘭世界。

伊斯蘭教徒的核心——《可蘭經》基本上專指用阿拉伯文書寫的經典。現實社會中因為馬來西亞、印尼等，語言文法截然不同的伊斯蘭教徒存在，所以翻譯成各國語言，但是**正式的《可蘭經》只有阿拉伯文版本**。

只要是阿拉伯人，就算國籍不同，就算使用部族語或方言，共通語言仍為現代標準阿拉伯語，所以，也就能理解用現代標準阿拉伯文撰寫的《可蘭經》。阿拉伯文會普及至這個程度並受到長年使用，是因為與伊斯蘭教永遠綑綁在一起。

假設伊拉克人前往方言大不相同的摩洛哥時，雖然地理位置相隔甚遠，且彼此長期沒什麼互動接觸，也能以現代標準阿拉伯語對話，可說是《可蘭經》驚人的力量。阿拉伯人這份「阿拉伯語是優美的神之語言」的驕傲，是絕對不可輕視的。

我前往伊斯蘭教國旅行時，每個小時都會聽見清真寺流淌出祈禱的語言——「宣禮」（按：adhān，伊斯蘭教用語，召喚信徒舉行星期五聚禮和每日五次禮拜），確實優雅悅耳。此外，阿拉伯文字寫起來也很美，甚至發展出書法這方面的藝術文化。

伊斯蘭教禁止偶像崇拜，所以不能描繪神的模樣。正因如此，將記載神明話語的文字寫得優美就格外重要。由此也可感受到從藝術層面理解民族的重要性。

沙烏地阿拉伯：傳統地區的年輕國家

要依國家探討阿拉伯民族時，很多人第一時間想到的，應該是波斯灣阿拉伯國家：沙烏地阿拉伯、阿拉伯聯合大公國（UAE）、巴林、科威特、卡達、阿曼，儘管文化方面稍有不同，但是葉門在地理位置上也屬於波斯灣。波斯灣阿拉伯國家同時擁有麥加與麥地那兩大據點的伊斯蘭教發祥地。

在穆罕默德的伊斯蘭帝國時代，從政治與宗教方面來看，麥加與麥地那毫無疑問都是阿拉伯世界的中心地帶。但倭瑪亞王朝將首都遷往大馬士革，鄂圖曼帝國的首都則是「終於打敗東羅馬帝國」的象徵之地——君士坦丁堡（鄂圖曼帝國改稱伊斯坦堡），因此麥加與麥地那有很長一段時間，成為「遠離政治中心的場所」。

後來情況翻轉是因為沙烏地家族登場。阿拉伯半島的遜尼派——沙烏地家族屢次在與周邊勢力的戰爭中取勝，最後在一九三二年建立「沙烏地阿拉伯」（沙烏地家族的阿拉伯）。二〇一五年即位的第七任國王沙爾曼，正是第一任國王沙烏地之子。雖然有許多同母或異母兄弟陸續登基，但是一想到「建國者的兒子是現任國王」，就會明白這是多年輕的國家。

波斯灣阿拉伯國家進入近代後，藉由石油獲得莫大的財富與力量，進而成為經濟繁榮之地，且宗教色彩非常濃烈。無論是商務人士還是外務省等的公務員，男性通常都穿著阿拉伯民族服飾——白色長袍，女性則會穿著黑色阿巴雅，並包裹著只露出雙眼的尼卡布。

三十年前，我前往中東就職。我能看到，波斯灣阿拉伯內幾乎一〇〇%男性都穿著長袍，甚至至今「幾乎沒有男性會穿著西裝」，即使綜觀全球也獨樹一格。

洋溢北非的法國風阿拉伯文化

將北非視為伊斯蘭文化圈與中東一起探討，會比較好理解民族。

人稱「馬格里布地區」的非洲西北部中，突尼西亞、阿爾及利亞與摩洛哥都擁有獨特的文化。順道一提，馬格里布是阿拉伯語中的「日落之地」。這個地方的人們大多數都會說現代標準阿拉伯語與法語，在家庭內，會使用轉化為當地方言的阿拉伯語。

儘管曾為法國殖民地的影響仍明顯保留至今，但是我仍建議眾人要理解：「摩洛哥幾乎沒被鄂圖曼帝國統治過。」

十二世紀至十五世紀為止，都是柏柏人建立的伊斯蘭國家——馬林王朝統治著摩洛哥。柏柏人是阿拉伯人到來前就住在北非的原住民。馬林王朝也參與伊比利亞半島不斷上演的伊斯蘭教對基督教爭霸戰。這是基督教徒口中的收復失地運動，是從八世紀綿延至十五世紀，為期七百年之久的紛爭。

結果伊斯蘭教落敗，馬林王朝邁向滅亡，後來雖然也有阿拉伯人或柏柏人等伊斯蘭教徒建立的王朝，但是又反覆遭西班牙、葡萄牙侵略，因此被劃入這些王國的版圖也不奇怪。

十九世紀又遭列強攻打，摩洛哥最終成為法國的殖民地。

阿爾及利亞也是柏柏人眾多的國家，但是曾受鄂圖曼帝國統治。

突尼西亞是「柏柏人與阿拉伯人所在的伊斯蘭國家，曾被鄂圖曼統治」，從這個角度來說，與阿爾及利亞相似，但兩者不可一概而論，其原因在於突尼西亞古代是腓尼基人的國家——迦太基。

伊斯蘭教出現以前的古代地中海，反覆上演由統治義大利半島的羅馬，與統治伊比利亞半島與北非的迦太基爭權戰。**第二次布匿戰爭中將軍漢尼拔落敗，導致迦太基在之後滅亡，如果當時打贏的話，或許就會大幅翻轉世界歷史。**

因羅馬而化為灰燼的迦太基僅剩下幾處遺址，我造訪現代迦太基時，當地已經是可以展望地中海的夢幻高級住宅區，那繁華看起來如夢似幻。

埃及：不知不覺成為阿拉伯中心

對大多數的人而言，埃及人就是埃及人，會聯想到金字塔與埃及豔后。熟悉世界史的人則會思考：「他們擁有繼承托勒密王朝的古羅馬血統吧？」

但從民族角度來說，**埃及是阿拉伯人的國家**，試著追溯歷史或許會找到與托勒密王朝有關的人，但是隨著經年累月的混血，語言與文化已經完全阿拉伯化。不管其他國家還是埃及人本身的認知，都是「埃及屬於阿拉伯人」。

人們認為「埃及是阿拉伯盟主」的原因有幾個，其中之一就是埃及位在阿拉伯世界的正中央。但他們並非憑藉地理條件就躍升為核心，畢竟埃及以前可不是阿拉伯或伊斯蘭的核心。

誕生於現在突尼西亞周邊的法提瑪王朝，將勢力延伸到現在的埃及後建立都市「開羅」。新都市的形成使埃及開始邁向繁榮。

開羅擁有尼羅河，以要衝之姿變得繁華，並且躍升首都——這就是埃及成為阿拉伯世界中心的第二個原因。一千年來，開羅都是北非與阿拉伯地區的交流據點，所以商業相當發達。

「既然開羅變得繁榮，就在這裡建造學習伊斯蘭神學的學校（madrasa）吧。」學校的設立則是第三個原因。

這間九七二年成立的學校就是現在的**艾資哈爾大學，亦是世界最古老大學之一**（見下頁圖）。英語圈最古老的牛津大學，則在十一世紀末成立。由此可知，艾資哈爾大學曾是堪稱世界先驅的教育機構。

艾資哈爾大學現在仍是伊斯蘭法學的最高權威。由於屬於遜尼派，所以什葉派

▲ 世界最古老大學之一，艾資哈爾大學。

的伊朗人可能會反駁：「說什麼艾資哈爾大學是最高權威，簡直胡說八道！」烏里瑪（按：Ulama，伊斯蘭教學者的總稱）也認為：「既然是人類，就沒有誰是絕對正確。」儘管如此，艾資哈爾大學仍是實質上的最高學府，且占伊斯蘭教徒九〇％的遜尼派，都會非常關注艾資哈爾大學校長的發言。

舉例來說，二〇二〇年四月齋戒月時，伊斯蘭教徒掀起討論：「斷食可能會更容易罹患新冠肺炎」。對他們來說，齋戒月是在日出至日落期間斷食，展現虔誠的宗教儀式，是重要傳統習俗。

為此，艾資哈爾大學校長向世界衛生組織（World Health Organization，簡稱WHO）確認後，發表自己的見解：「斷食與病毒感染沒有因果關係，可以照常執行齋戒月。」於是，伊斯蘭世界即使面臨新冠肺炎，仍維持齋戒月。如果艾資哈爾大學公布了相反的意見，那麼暫停齋戒月的可能性就很高。觀察一連串的報導後，我深深的感受到艾資哈爾大學對現代的影響力有多麼大。

伊斯蘭教原本就擁有實際的教義，《可蘭經》也寫著「齋戒月僅健康者執行」。也就是說，病人與有苦衷的人不必遵守，然而要是艾資哈爾大學發表這方面的方針時，人們也可能陷入混亂。

埃及成為阿拉伯世界中心的第四個原因，就是身為媒體與娛樂中心。

「在國際新聞中，經常聽半島電視臺（按：國際電視媒體，以阿拉伯國家之一卡達首都杜哈為基地，由卡達王室出資的半島媒體集團擁有。報導時有許多不同的視角）。」確實從一九九〇年代起，半島電視臺的勢力延伸，在國外飯店提供的電視頻道中，與有線電視新聞網（Cable News Network，簡稱CNN）、英國廣播公司（British Broadcasting Corporation，簡稱BBC）並列為「固定陣容」。

半島電視臺的報導，主要是向全世界發聲，雖然不能批判埃及政府等，但是相較於完全屬於「御用媒體」的沙烏地阿拉伯新聞臺，仍自由許多，也可以看出新聞從業人員都具有一定的水準。此外，埃及還製作許多電影與電視劇，會在整個阿拉伯世界播映，進一步提升了埃及的影響力。

埃及是阿拉伯盟主的第五個、也是最重要的原因，是人口眾多。

如果說阿拉伯人約有四億人口，其中每四人就有一個人是埃及人，如此一來，埃及自然會成為阿拉伯的中心。此外阿拉伯國家聯盟的總部也設在開羅。

如此一來，埃及便面臨許多問題，像是政治上的混亂、伊斯蘭基本教義的恐怖攻擊、貧富差距。儘管如此，若問熟知阿拉伯的人們：「阿拉伯裡，最和善、開朗的國家是哪裡？」恐怕每個人都會回答埃及。因此人們也稱埃及人為拉丁系阿拉伯人。我在埃及的兩年寄宿生活中，實際體會到了當地人的悠閒。

埃及曾被鄂圖曼帝國統治，也曾是英國的保護國，但是沒有遇過極端的殖民地剝削。由於不曾被他國利用且擁有一定程度的自由，因此總是相當開朗。擁有相同歷史的泰國人，亦擁有這個傾向。我認為**殖民地統治留下的痕跡，都會對後續的民族性造成大幅影響**。

雖說這只是我稍微接觸過後建立的假設，但我認為開朗與從容是埃及成為阿拉伯中心的第六個原因。

同樣是阿拉伯人，因膚色出現種族歧視

在阿拉伯大都市當中，開羅是鶴立雞群的大都會：到處都是住宅與大樓，其人口密集程度，在其他阿拉伯世界都看不到，換句話說，**阿拉伯的貧富差距非常大**，同時存在嚴重的社會分化。儘管世界各地都有階級之分，但即使屬於同一個民族，卻有「我和他們不同種族」的距離感，以我的經驗來說埃及尤為明顯。

儘管大多數住在埃及的人，都是同宗教、同語言、同文化的阿拉伯人，外表卻有黑白之分，擁有黑膚就會受到歧視。我在開羅任職期間和許多當地人往來，其中有些人會以埃及方言悄悄的表示：「那傢伙是南部來的黑人。」

放眼整個阿拉伯世界，會發現儘管同屬阿拉伯民族，外觀特徵卻五花八門。蘇丹共和國（按：阿拉伯語「蘇丹」一詞，意思是黑人的土地）的人民在日本人眼中與黑人無異，此外茅利塔尼亞與索馬利亞也一樣。

另一方面，黎巴嫩人與敘利亞人在日本人眼中就像白人。儘管兩者之間擁有像中國人與日本人這般細微的差異，但對日本人來說，黎巴嫩人前雷諾董事卡洛斯・戈恩（Carlos Ghosh）就像白人。

曾有過敘利亞出身的羅馬教宗

敘利亞與黎巴嫩原本由羅馬帝國統治，雖然曾被納入鄂圖曼帝國版圖，但後來又成為法國的託管地，因此在阿拉伯世界中，算是比較具歐洲風格的國家。

現在的敘利亞在經歷二〇一〇年的民主化運動「阿拉伯之春」後，政府軍與反對派的紛爭頻傳，從街道至遺跡都慘遭破壞，造成大量的難民等，現況相當悲慘。

大馬士革曾作為倭瑪亞王朝的首都，享有繁華。彙整《新約聖經》的保羅，原本也是鎮壓基督教的一員，讓他改變心意的即是大馬士革（按：保羅在前往敘利亞大馬士革，逮捕大馬士革城裡的耶穌門徒，欲把他們帶回去審問，但當時，保羅眼睛受到強光而暫時失明，並聽見耶穌的聲音，於是幾天後，他決定加入基督教成為教徒），而這個故事也是宗教畫的主題之一。**也就是說，大馬士革在歷史上占有非常重要的地位，因此伊斯蘭教與基督教在敘利亞都相當普及。**

現在的第二六六任羅馬教宗方濟各（Franciscus，見上圖）來自阿根廷，曾因為「睽違一千兩百八十二年的非歐洲出身教宗」而掀起討論。順帶一提，上一位非歐洲出身的教宗——第九十任的額我略三世（Gregious III）來自敘利亞。

▲ 第 266 任羅馬教宗方濟各一世（1936-）。

不只有敘利亞，中東與北非也有基督教徒。埃及有一〇％基督教徒，而第一位擔任聯合國祕書長的阿拉伯人包特羅斯—蓋里（Boutros-Ghali）也信奉基督教。他能受到國際社會接納，就是人們期待「生活在阿拉伯世界的非伊斯蘭教徒」，能成為歐洲與中東的橋梁吧。

阿拉伯人的伊斯蘭風格商務禮儀

我們接觸阿拉伯人時，有三點要注意。

第一點，理解大半阿拉伯人信仰的伊斯蘭教，並尊重他們的習慣。請務必理解「斷食好辛苦」只是我們的想法跟誤解，對他們來說，是愉快宗教儀式。由於最近比過去容易取得相關資訊，所以會說出這種言論的人已經減少，但仍必須留意。

第二點，阿拉伯人喜歡極親密的人際關係。他們開會與接觸的次數比歐美人多非常多，就算開會到深夜也不厭倦，喜歡長時間的往來。「一定要來我家玩」之類的邀請如家常便飯。

我和某位阿拉伯朋友一個月沒聯繫，就收到對方的抗議：「你到底都在忙什麼？」同性之間也很重視擁抱與握手，或許遠端會議等對他們來說，有違天性。

第三點則是與美國的關係。

「整個中東都與美國交惡。」一像這樣把整個中東混在一起的思考模式很危險，因為沙烏地阿拉伯與美國關係良好，埃及也沒那麼討厭美國。

反而是不屬於阿拉伯人的伊朗人，與美國間的關係最為惡劣。但是日本與伊朗的關係卻又相當友好，正因如此有時日本能成為牽起歐美與伊朗的關鍵。雖然這個視角相較於民族更偏向國際政治，但我仍建議讀者都應將其記在腦海中。

若從心理層面探討，我認為阿拉伯人對歐美怨言，是「被當成殖民地後，還被盡情壓榨」。阿拉伯人也曾被鄂圖曼帝國統治，但是鄂圖曼同樣信奉伊斯蘭教，且是重視融合且寬容的國家。即使身為阿拉伯人，在鄂圖曼帝國統治下也不會特別困擾。但是列強的殖民地統治卻帶來屈辱，在石油開採權方面亦有「被利用」的怨恨，而這些情感至今仍殘存在整個阿拉伯世界。

儘管阿拉伯人如此厭惡歐美，仍有著「在歐美留學過就是菁英，會說英語或法語才有利商務」這種矛盾心理。

阿拉伯人的上流階層中，也有「在英國留學，所以會說完美的英語，並利用與歐洲方面的人脈經商」、頂著優雅微笑、住在開羅豪宅的人。面對這種「歐風」阿拉伯人，我會建議採用歐美風格──夫婦一起參加聚餐、討論歐洲藝術文化等──和對方交流就好。

以色列猶太人是民族也是宗教

猶太人遍布世界各地，而且「所有猶太教徒都是猶太人」，**但彼此的語言與習慣等存在許多差異**，因此，我們很難十分肯定的說，全世界的猶太人都屬於同一個民族。

不過，其中可以「確定是猶太人」的，就是以色列猶太人。這些人來自四面八方，有從俄羅斯搬過來的，也有從歐美、非洲回來的。

猶太人離散兩千年，終於在第二次世界大戰後建立以色列，並得以回歸「母國」，在那之後又過了相當長的歲月。移居至此的人都已經老年或是逝世，因此現存以色列人都是第二代、第三代，甚至是第四代。

「雖然以色列是猶太人的國家，但是非常像中東。」很多熟悉以色列的人都是這麼表示，我最後一次造訪以色列是二〇一八年，當時有相同的感受。

另外，請各位記得以色列國籍的巴勒斯坦人（阿拉伯人），占以色列國籍人口約二〇%。既然擁有以色列國籍，當然也擁有選舉權。二〇二一年六月成形的貝內特政權，是阿拉伯裔政黨首次以執政黨的身分參加聯立政權。今後猶太裔與阿拉伯裔能否在以色列政治中構築合作體制，我認為非常值得關注。

除了擁有以色列國籍的巴勒斯坦人外，被視為占領區的加薩地區與約旦河西岸，也有被逐出原本家園的巴勒斯坦人。他們的移居自由與經濟自由都慘遭剝奪，被迫陷入窮困生活，暴露於人道危機當中。

媒體都會報導實質掌控加薩地區的哈馬斯（按：巴勒斯坦伊斯蘭教遜尼派組織）攻擊以色列等消息，但是我認為也必須理解巴勒斯坦人無處可去的封閉感。

學習猶太人的危機管理意識

面對以色列時，人們應注意的就是「過去與現在」。所謂的過去，其實不是什麼特別的事情，就是學習並理解猶太教。**猶太人尊重《舊約聖經》，以及彙整了猶太教行動準則的《塔木德》。**即使會說希伯來語的人口驟減，這個語言仍舊存續，並透過以色列建國恢復活絡，這是在其他民族所看不見的苦差事。

據說《塔木德》有助於理解在美國多達六百萬人以上的猶太人，因此各位不妨閱讀有關《塔木德》的導讀書籍。

以色列的「現在」，有許多創業家且科技發達。他們的網路安全意識非常高，會貫徹危機管理，這一點對於推動數位化轉型（DX）嚴重落後的國家來說，非常值得學習。

要說創業家多的理由，其中一個是受到《塔木德》的影響：「時間有限，所以提高產值」、「經常學習新事物」這些教諭都已經深入猶太人的骨子。

另外，**以色列與周邊阿拉伯各國的關係都很緊繃，國防因此成為他們的重要課題**，為此必須維持一定程度的經濟能力，我想這點也對商業與科技發達造成影響。從歷史角度來看，作為飽嘗離散與大屠殺辛酸的民族，**猶太人的危機管理意識非常優秀**，值得關注。身為必須時時應付危機的國家，相關制度整頓得相當完善，**這點從新冠肺炎的疫苗接種速度亦可看出**。

有些人會這個印象：「提到國防，就會想到以色列是無論男女都屬徵兵制的軍事國家。」雖然以色列街上確實有持槍的年輕人。但是他們服兵役期間，並非埋首於高強度訓練或射擊訓練，其實他們也很常窩在研究室裡，坐在電腦前設計資安方面的程式等。相信稍微想像就能明白，今後時代的軍事已經不再是「光憑射擊與飛彈攻擊就能夠得勝」。

服兵役期間成為同梯的年輕人會變得親近，之後一起創業或是互相幫助。結果對商業帶來正面影響，進一步強化的以色列的國力。

有些人容易誤以為以色列很危險，但基本上除了占領區以外的區域都很安全。造訪耶路撒冷或特拉維夫都毫無阻礙，且特拉維夫等地的創業生態也正發展中，是能對商務人士帶來良好刺激的地區。只是以色列也可能會與占領區發生軍事衝突，所以請別忘了這一點。

為了理解猶太人而學習，會發現他們的「過去與現在」是連綿至今的，同時也能體會到他們的潛力。

第10章

非洲：民族與語言，遭歐美列強撕裂

疾病是人類相當熟悉的敵人。儘管沒有新冠肺炎這麼大規模，但在二〇一四年，致死率特別高的伊波拉病毒感染擴散，而我當時有個行程需要到納米比亞與波札那出差。

「怎麼可以在流行伊波拉時去非洲？快點取消行程！」當時遭家人極力反對，讓我深刻體會到：「對日本人來說，非洲是遙遠且未知的存在。」

因為伊波拉病毒在西非流行，與非洲南部的納米比亞與波札那相距甚遠。從距離來看，覺得非洲危險就如同在說，「孟加拉有疾病大流行很危險，所以取消去韓國出差的行程吧」。

而且，非洲的交通網不夠發達，不透過樞紐機場就無法前往相鄰的國家。事實上，伊波拉病毒感染也未在納米比亞與波札那流行過。

我還有過其他類似的經驗，以前在某個派對中，我將奈及利亞人引薦給日本商務人士時，日本人為了找話題，便表示：「我前陣子去了馬達加斯加喔！」這讓奈及利亞人嚇了一跳。即使日本人認為同屬非洲很適合用來開啟話題，對奈及利亞人來說，會困惑「怎麼跟我提那麼遠的事？」

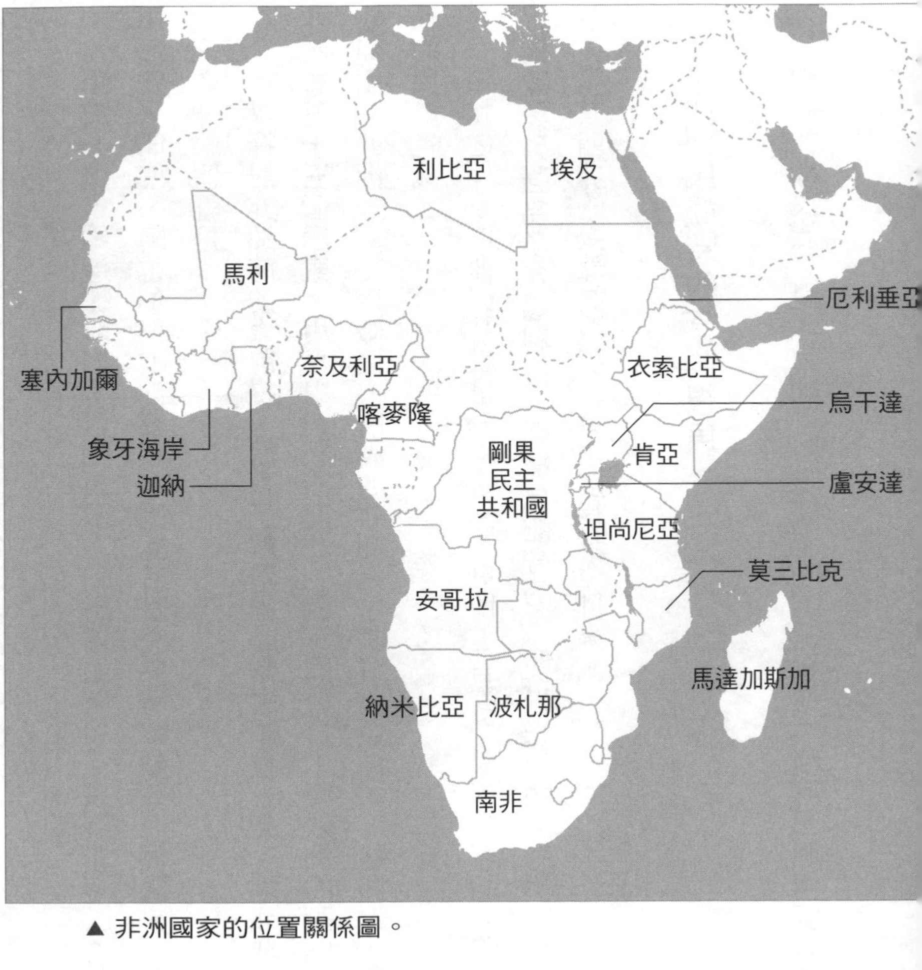
利比亞
埃及
馬利
厄利垂亞
塞內加爾
奈及利亞
衣索比亞
烏干達
喀麥隆
象牙海岸
剛果
民主
共和國
肯亞
迦納
盧安達
坦尚尼亞
莫三比克
安哥拉
馬達加斯加
納米比亞
波札那
南非

▲ 非洲國家的位置關係圖。

順道一提，馬達加斯加人對此表示：「馬達加斯加不只有非洲風情，整個國家還混雜著印度、阿拉伯與歐洲要素，因此其實有點難歸類為非洲國家。雖然確實有加入非洲聯盟就是了……。」

所以探討非洲時的大前提，就是了解這裡非常遼闊且多元。連北非一起算入，非洲有五十五個國家，用直線連起南北非，就等同於日本與歐洲的距離，因此不能隨便用「非洲」一言以蔽之。所謂的非洲人，其實與亞洲人、歐洲人一樣，是很寬鬆的民族定義。

除此之外，這裡與其說是「國家」，更像是有許多民族生存的大陸，**國境都是近代歐美列強為了自國利益，而擅自劃分的，**而這也造就了延續至現代的莫大悲劇。尤其西非的奴隸制遺恨，更是殘存至今日。

理解非洲民族時的三個視角

由於非洲民族分得非常細且數量繁多，因此我從地理的三個角度彙整。

角度一，畫線連起北非與撒哈拉以南非洲（Sub-Saharan Africa）。埃及、摩洛哥、突尼西亞等所在的北非如第九章所述，屬於阿拉伯世界，與撒哈拉以南非洲極為不同。這也是為什麼本書將北非歸類在講述中東的第九章。但是過度重視這份差異，而妄下定論「北非不屬於非洲」，又會釀成問題。北非同樣有「屬於非洲一員」的認知，舉例來說，利比亞的格達費上校（Muammar Gaddafi）因採取獨裁政權而惡名昭彰，但他也作為非洲強人，為撒哈拉以南非洲的國家提供巨額援助。我認識一位曾留學日本的坦尚尼亞朋友，他也表示：「格達費值得正向評價。」或許這只是個人的想法，但是畢竟是出國留學的人，所以不像格達費那樣思想激進，是位想法開放的年輕人。

也有其他來自非洲的留學生表示：「格達費許多政策都是為非洲著想。」藉此可以體會到從內部看待一個人的視角，與從外側是不同的。

此外「非洲版奧運」已經在北非等國家舉辦過，可說是非洲團結一致的象徵。我在一九九一年前往開羅，也正好遇到開羅舉辦非洲版奧運，這也讓我深刻感受到：「這就是非洲。」

角度二，是畫線連起東西，而我認為這點非常重要。

非洲西海岸曾被稱為「奴隸海岸」——因為這個名詞帶有歧視，現在不再使用——據說當年有一千五百萬人，從西海岸的迦納與塞內加爾港口被強行帶走，作為奴隸輸出。

許多研究都指出，奴隸貿易的影響仍殘留至今，儘管勞動人口被大量帶走確實造成社會損失，但是我這邊想特別指出的影響是心靈層面。

據資料顯示奴隸之所以登船，並非遭美國與歐洲的人誘拐或脅迫。「把這些人當作奴隸輸出吧。」非洲當地的黑人像這樣與歐美交易。身為統治階層的他們——據信恐怕幾乎都是男性——即使程度不及歐洲白人，但仍藉奴隸貿易獲利甚豐。

奴隸貿易可說是世界上最惡質的非人道行徑。

儘管生存在同樣的社會，卻與外國人共謀販賣貧窮人的統治者，使得人民對統治階層的不信任深植於心。「統治階層就是壓榨並掠奪我們的存在。」因此這種對同胞的不信任，無法相信當權者的風氣，在非洲西海岸相當強烈。當然這只是我的假設。

不過也有專家說：「像奈及利亞這種產油國，經濟竟然不佳，恐怕是因不信任感在這個社會根深蒂固所致。」所以儘管前述只是我的假設，但或許也不無可能。

至於東海岸，儘管肯亞、坦尚尼亞、莫三比克等有奴隸船，但幾乎等於沒有，所以在這方面沒受到什麼影響。

即使同樣屬於非洲，對於奴隸制的歷史認知也有極大的東西差異。除了熟悉非洲的人以外，恐怕全球沒多少人意識到這個關鍵。

東海岸受到印度影響較大，也曾與人稱「印僑」的印度商人交流。此外，阿曼商人多半住在沿岸，透過貿易，受到阿拉伯強烈影響。因此儘管史瓦希利語（按：非洲語言使用人數最多之一）與阿拉伯語的文法不同，卻有許多共通單字。

順道一提，我在外務省學習阿拉伯語時，遇到的第一個日本人老師專攻史瓦希利語，但是「學習史瓦希利語之前，必須先學會阿拉伯語」，結果老師在學習阿拉伯語後反而變成這方面的專家，讓我對於兩種語言的關係留下深刻印象。

對東海岸的人來說，從海的另一端到來的不是奴隸船，而是期望交易的印度人與阿拉伯人。或許是歷史上對外開放的關係，以我的感覺來說，肯亞與坦尚尼亞的人們都很活潑，深交之後也可以感受到他們的開朗。

角度三，曾為哪個國家的殖民地。

法國統治北非三個國家，阿爾及利亞、摩洛哥、突尼西亞，以及西非國家，如塞內加爾、馬利、象牙海岸、喀麥隆等；英國統治奈及利亞、迦納、南非等；葡萄牙統治安哥拉、莫三比克。比利時與義大利則統治非洲，僅衣索比亞維持獨立。

除了以上三個角度外，也**請了解南非有許多白人**。

非洲最古老國家衣索比亞的民族問題

在舉出非洲的主要國家時，首先要探討位在東北的衣索比亞。在**列強殖民時代，衣索比亞是全非洲唯一維持獨立的國家**。

這個曾在《舊約聖經》登場的古老國家，首都阿迪斯阿貝巴是保存許多歷史悠久建築物的優美都市，也是非洲聯盟據點所在。

衣索比亞曾有皇帝。在一九三〇年，衣索比亞皇族似乎還與日本華族（按：大日本帝國的貴族）談及親事。儘管最後沒有走到結婚那一步，但若是成功結婚，或許會出現日裔衣索比亞皇帝……這充其量只是閒談而已，從民族的角度來看，衣索比亞有著許多問題，就連我撰寫本書期間仍動盪不安。

擁有**超過一億人口的衣索比亞住著多達八十個民族**，其中多數派是將近三五％的奧羅莫族與約三〇％的安哈拉族。衣索比亞從西元前至一九七四年的軍事政變期間，都使用安哈拉語，因為安哈拉族在漫長歲月裡，都位居統治地位。

奧羅莫族是衣索比亞的多數派，卻在十六世紀才來到衣索比亞，並以農作與放牧營生。安哈拉族政權曾因奧羅莫族的流入，而短時間失勢，但後來又重掌政權，奧羅莫則俯首稱臣。現代也有在使用奧羅莫語，不過原本就沒有文字的關係，所以相較於安哈拉語，還是略占下風。

衣索比亞長年由安哈拉族統治，在一九七四年變成軍事獨裁政權下的社會主義國家。軍閥獨裁政治對所有民族而言，都不是一件舒服的事情，因此衣索比亞人民解放陣線便發起政變。

「人數眾多且長年處於從屬地位的奧羅莫族，終於展開抗爭了！」

如果是故事單純的電影，大概會採用這樣的敘事法，但現實是，領導人民解放陣線的卻是提格雷族，他們至今仍是僅六%的少數民族，但是軍事實力相當卓越。提格雷族取得政權後，形成各民族政黨聯合的政治，並於一九九〇年代起依民族劃分自治州。

儘管提格雷族號稱民族自治，實際上卻是以提格雷族為優先。二〇一六年，衣索比亞選手費伊薩．利勒沙（Feyisa Lilesa）在里約奧運中獲得男子馬拉松銀牌，他以被銬上手銬的姿勢，衝向終點以抗議提格雷政權。屬於奧羅莫族的他，是在以諾貝爾和平獎得獎者聞名的總理阿比（Abiyyii Ahimad Alii，見左圖）即位後，也就是二〇一八年才得以回國。

阿比是衣索比亞第一位奧羅莫族出身的元首。「別說什麼民族自治，我們的目標是打造一個團結的衣索比亞。」

奧羅莫人對於同族的阿比總理充滿期許是理所當然的，而他也是盡力緩和衣索比亞民族對立的政治家。

但對於至今都將國家切割開的提格雷族來說，守護既得利益遠比國家融合重要，因此提格雷打造提格雷人民解放陣線，對阿比政權露出獠牙。

二〇二〇年政府軍下達命令對提格雷展開攻擊，發生了數百名傷亡的軍事衝突。我的研究室裡有位留學生曾任「奧羅莫族國會議員」，每當看見衣索比亞的民族糾紛報導，就會非常沮喪。

衣索比亞政府動用軍事的做法震驚國際社會：「總理明明就是諾貝爾和平獎獲獎者，竟然還出動軍隊？」但我認為這不過就是經年累月的民族糾紛，終於浮出水面罷了。

▲阿比．阿邁德（1976-）是衣索比亞第一位奧羅莫族出身的總理。

順道一提，阿比總理是因為實現與鄰國厄利垂亞的和平，而獲得諾貝爾獎，由此也可逆推得知，衣索比亞與厄利垂亞的長年紛爭有多麼嚴重。厄利垂亞曾受鄂圖曼帝國、義大利、英國統治，雖然一九六二年被列入衣索比亞的版圖，卻在激烈的抗爭後宣告獨立，獨立後雙方仍於邊境爭鬥不斷，關係相當複雜。

與鄰國的糾紛、國內的民族問題、他國的干涉等要素互相交錯的狀況，至今未變，無論是哪個民族掌權，對衣索比亞來說都可能造成嚴重的動盪。

此外，衣索比亞國土遼闊且勞動力豐富，為了發展製造業而積極招攬中國企業。可是在他們採取吸引外國企業投資，以增加工作機會的政策之餘，民族糾紛卻形成嚴重阻礙，這一點或許與緬甸非常相似。

奈及利亞：各王國組成的國家

奈及利亞人口約兩億人，在非洲裡壓倒性的多。

他們擁有多達兩百五十個民族，雖然豪薩族與伊博族各占三〇％，屬於多數派，與二〇％的約魯巴族並列為奈及利亞三大民族。但奈及利亞起初並非是這些民族的國家。

因為二十世紀時，**各民族為了從英國殖民中獨立，才整合出「奈及利亞」**，也就是說，在這之前，奈及利亞是許多各自獨立的王國與部族社會。

這兩百五十個各有特色的民族共通點，是十五世紀被葡萄牙當成奴隸貿易據點後，就一直慘遭歐洲各國蹂躪。

一直到十九世紀，英國殖民統治並禁止奴隸貿易之前，有許多人都被當成奴隸帶走。儘管在第二次世界大戰後獨立，卻經歷反覆的政變與政權交替，國家一直穩定不下來。

而宗教方面，北部是伊斯蘭教徒、南部則為基督教。雖然以比例來說各半，但是伊斯蘭基本教義者集團拐賣少年少女的事件等，同樣使整個局勢難以安定。

「總覺得治安差得驚人。」各位或許會因此產生負面印象，但是奈及利亞是產油國，二〇一九年的GDP達四千四百八十一億美金，是超越南非與埃及的經濟大國。

最大都市拉哥斯曾經是奴隸貿易港口，現在已經變成灣區創業家的據點，與奈洛比、約翰內斯堡共同創造新商務環境。另外非洲也有不少綜合企業集團等，將總部設在奈及利亞。

我曾詢問奈及利亞友人：「既產石油也有勞動力，同時具備商務環境，為什麼奈及利亞會陷入停滯呢？」

開發中且國家也不斷成長的情況下，宗教對立與紛爭都有緩和的傾向。但是從他的回答中可以感受到，人民對國家掌權者充滿了不信任。

「因為政治家腐敗，所以奈及利亞才無法成長。只有政治家與部分資產家獲利，財富完全沒有回饋到國民身上。」

政治腐敗是非洲許多國家都面臨的問題，奈及利亞也不例外。財富獨占問題顯著，像跨國工業集團丹格特（Dangote Group）創辦人阿里科・丹格特（Aliko Dangote），就是登上全球富豪排行榜的財閥、非洲首屈一指的大亨，名列「富士比」富豪排行榜。曾因為「想要實際感受資產」，於是從戶頭領出相當於新臺幣二・五億元的現金，而引發軒然大波。奈及利亞人的平均月收，約為新臺幣兩千七百元，可以看得出國民收入與頂層者猶如天壤之別。

無論是政治還是經濟，奈及利亞都對掌權者抱持著根深蒂固的不信任感，我認為其原因就是前文提到的假設——源自於「奴隸制的遺恨」。十九世紀英國禁止奴隸貿易至今已經一百五十年，反過來說，在這之前有好幾百年都有大批國民遭統治者販賣。

這道傷痕非常嚴重，別說不信任統治者了，恐怕內心也無法信賴他人。內亂源源不絕，與其說是奈及利亞的民族特徵，不如該說這已經超越民族特徵的範疇，是大家的「共通創傷」，一想到這裡，就令人感嘆萬千。

肯亞與坦尚尼亞，非洲的成長股

非洲有許多國家都是多民族，不僅語言各異，還有許多沒有文字的語言，因此**官方語言通常都是殖民地時期的語言**。

如果不會英語、法語、葡萄牙語等前宗主國的語言，別說就業了，恐怕連升學都有問題。因為在非洲，到高中為止會使用當地語言授課，但大學教育原則上都使用歐洲的語言，即使英語或法語程度能與觀光客溝通還不夠，若不到能寫碩士或博士論文的程度，就無法從事需要看學歷的工作……**這樣的情況造就了語言歧視與教**

育機會不平等，在非洲與印度都已經形成社會問題。

在這樣的非洲中，坦尚尼亞是少數未使用歐系語言，舉國上下都使用史瓦希利語的國家。坦尚尼亞擁有蘇庫瑪族、尼庫薩族、扎拉莫族等一百三十個民族。七世紀時伊斯蘭教傳入，曾與阿拉伯人、波斯人交流。**我實際造訪坦尚尼亞後，感受到了這是少見的伊斯蘭教徒與基督教徒融合的國家。**當地伊斯蘭教徒與基督教徒結婚，並非多麼罕見的事情。

坦尚尼亞的鄰國肯亞，也有只會說當地民族語言的人，但是基本上都懂史瓦希利語，因此兩國交流密切。舉例來說，在坦尚尼亞最大都市三蘭港，若有人生病，需要接受大型手術時，就會送到肯亞奈洛比的醫院。儘管是不同國家，但是提到東非的大都市當屬奈洛比。而且肯亞同樣說著史瓦希利語、距離也很近，當然可以安心接受治療。非洲要取得前往他國的簽證很麻煩，但只是周邊國家的話，有錢就能輕易往來。

坦尚尼亞與肯亞都使用了史瓦希利語與英語，匯集了來自各國的多元人才。此外也持續推動多元環境，因此有機會在互相扶持之間成長。

種族隔離，南非的正負遺產

在殖民地時代，有一定數量的歐洲人移居到非洲大陸，其中最多聚集在南非。因為南非氣候溫暖且綠意豐沛，生活比較舒適。

十七世紀遷居過來的人以荷蘭人為主，後來演變成人稱「阿非利卡人」的南非白人。他們在十八世紀以後接受英國統治，整個階級制度的最頂端是英國人。遭英國人歧視的阿非利卡人，歧視了原本就住在這裡的非洲民族。

最惡劣的情況是在第二次世界大戰後成形。阿非利卡人掌控了國家之後，展開南非種族隔離政策（Apartheid），將白人與有色人種區隔開。

南非因此浴身於國際社會的責難：「這是完全無視人權的極惡政策！」

直到一九九一年，南非才正式廢除種族隔離政策。納爾遜．曼德拉（Nelson Mandela，見下頁圖）這位不屈的領袖登場，成了紛亂歷史的轉捩點，其功績與諾貝爾和平獎非常相符。

然而種族歧視、貧富差距、治安惡劣與政治混亂，至今仍作為負面遺產在南非存續。此外，雖然南非因種族隔離，而整頓出比其他非洲國家更完善的法律與公共設施（又稱為「正面遺產」），卻無法在經濟發展上，活用這份正向遺產。

再加上曾入獄二十七年的曼德拉總統（按：因發起反對國家種族隔離政策的活動，而遭拘捕）在職期間很短，後來的總統也缺乏領導混亂南非的資質。因此，儘管南非擁有在黑人中資源相對豐富的人，但是大部分的人仍然貧窮。

我曾與納爾遜．曼德拉的孫女一起待在華盛頓的智庫——戰略與國際研究中心（CSIS），得以直接聽到曼德拉在監獄裡遭受多麼嚴重的迫害，以及解放後不過數年，就造成南非什麼樣的劇烈變動。當時她說的話，我至今仍記憶猶新：「儘管現在的問題仍堆積如山，我們也只能繼續前進，因為人類已經進步到誕生黑人美國總統的程度了。」

▲南非國父、第一任總統納爾遜．曼德拉（1918-2013）。任內時，致力於廢除種族隔離制度、實現種族和解。

南非的鄰國納米比亞曾交由南

非託管，但是種族隔離政策卻使黑人陷於苦難。我前往首都艾豪克的博物館時，看見入口有幅巨畫描繪納米比亞黑人遭警察等暴力以待的事件，是用藝術來呈現種族隔離政策的作品，比許多書籍更加表現出人心。

比利時對剛果做出奴隸制

列強對非洲做出的奴隸貿易與殖民地統治，全都令人難以諒解，但仍有少許程度差異。舉例來說，列強當中施政比較寬鬆的是葡萄牙。

或許是因認為「藉貿易賺錢最重要」，所以為了掌控當地而屠殺原住民，或是藉由強制勞動徹底壓榨人們等情況相當罕見。非洲有莫三比克、安哥拉等五個國家曾是葡萄牙的殖民地，而這些國家對宗主國的負面情緒，相較於其他非洲國家來說，並沒有那麼強烈。

除了奴隸貿易以外，在襲擊非洲的行徑中堪稱人類史上首屈一指惡行的，是十九世紀後半比利時對剛果的統治。**與其說是比利時，不如該說是國王利奧波德二世**

（Leopold II of Belgium）的罪行，他將剛果自由邦當成「私人領地」，而非「比利時王國的殖民地」。

利奧波德二世想靠象牙與天然橡膠發財，所以強迫原住民從事超越血汗企業的工作，對當時的原住民來說，那些日子是「永遠的黑暗」，只要沒有達到特定產量，就會被砍斷手腳。一些戲劇與小說以此為主題，尤其是現代主義先驅約瑟夫．康拉德（Joseph Conrad）的小說《黑暗之心》（*Heart of Darkness*），詳細描繪了這部分。

儘管有許多歐洲國家都展開殖民地統治，但是英國因為看不下去利奧波德二世的行為，而選擇告發，終於使剛果從私有地轉變成比利時的殖民地。我認為利奧波德在剛果的殘暴行徑，間接造就了現在剛果的局勢不穩。暴政歷史通常都會對後來的發展產生負面影響。

或許有人認為：「奴隸船與殖民地統治都是歷史事件了。」但是這些傷痕都尚未痊癒。儘管有所設限，奴隸貿易仍持續至十九世紀前半，美國是在南北戰爭後才結束，日本則是在江戶時代的末期（約一百六十年前）。

歐美的統治直接關係到美國浮上檯面的黑人歧視問題，對非洲來說，歐美統治造成的傷痕依然血淋淋的。對七十歲以上的非洲人來說，童年或許曾聽祖父母提過奴隸制度相關體驗或真實事件。

因此對非洲人來說，歐洲長年榨取族人，現在也仍是造成經濟困苦的主因，自然令人沒什麼好感。當然，非洲人並非因此就對住在非洲的諸多歐洲人，抱著赤裸裸的敵意：「你們總是在我們的土地上任意妄為。」如前所述，不會講歐洲語言，求學與就職便會受限，因此「不想使用敵人的語言」這種堅持已經消失了。

但請記得，非洲人的真心話中，還保有反歐美的意識。商務人士會遇見的非洲人都是精英，也就是特權階級，因此請別忘了他們背後還有許許多多的民族。

發生在非洲的大屠殺，距今只過三十年

儘管在探討非洲民族時濃縮重點，但相信各位已明白非洲非常遼闊，這裡的人並非都是非洲人。一個國家裡會有很多民族，因此從「近代史」著眼而非「民族」

會比較好理解。

「非洲等於危險場所」這個印象根深蒂固，我也很常聽到他人詢問要特別注意的地區，以現在來說，我認為北非要注意的就是利比亞。

利比亞在格達費失勢後就持續內戰。儘管無法肯定獨裁者的存在，但是獨裁者消失後卻讓國家情況變差，實在諷刺。格達費與海珊等「惡名昭彰統治者」都在歐美介入下倒臺，但恐怕得觀察國際情勢三十年以上，才能判斷這種行為是否正確。

一直持續內戰的索馬利亞處於無政府狀態，也是非洲的危險區域。索馬利亞與索馬利蘭是各自獨立的共同體，擁有類似自治政府的機構，且保有一定的和平。日本媒體幾乎沒有報導過，中非共和國現在因為總統與反對派的內戰，情勢陷入混亂。

反過來說，除了這些國家之外的非洲國家幾乎都不算是「極度危險」。雖然要注意西撒哈拉的波利薩里奧陣線（按：致力於爭取西撒哈拉完全獨立的政治軍事組織。該組織是撒拉威阿拉伯民主共和國的執政黨和唯一合法政黨），其他我不了解的小國未來也可能發生內戰或紛爭，但是大多數國家從首都機場搭計程車前往飯店的路程都相當順利。

人們過去總認為「非洲治安惡劣，不能踏出飯店一步」，但像盧安達、波札那、迦納、納米比亞等，「從飯店散步到博物館」也沒什麼問題的國家逐漸增加。儘管竊盜與強盜的可能性都很高，但是程度與中南美相當。我曾數度造訪「治安惡劣」的南非約翰內斯堡，但並未直接感受到危險。因此，我認為看待非洲時還是必須按照實際情況去分析。

盧安達在一九九四年發生圖西族與胡圖族互相屠殺，如今也已經恢復和平。但要注意，「你是圖西族還是胡圖族？」、「你父母在做什麼？」都是禁忌問題，因為距離大屠殺也才過將近三十年而已。在紛爭多的國家裡，基本上「避開民族方面的話題」會比較保險。

非洲成長停滯，因大多國家缺乏適任領袖

第二次世界大戰後，非洲誕生了許多獨立國家，逃出奴隸貿易、殖民地統治的

枷鎖。中東、亞洲等的獨立運動多半等於民族運動，但是非洲的「國家」多半是以殖民地時期的領域為基礎。如前所述，非洲的國境不過是統治者權力遊戲的結果，並未反映出當地許多不同民族的意向。因此談到「以民族為單位構築新國家」時，非洲人民很難團結一致。

很多位處非洲國家核心的人曾屬於統治階層，儘管將同伴當成奴隸販售的統治階層因時間流逝而消失了，但仍有殖民地時代在獨立戰爭中立功者的相關人士或繼承者。由於當初屬於軍事政權，所以會「以力量壓制意見」。**軍隊的領導人才，不見得適任政治上的領袖，已有無數歷史反覆驗證這點。**

如果統治階層沒有輪替、改變，政治就會如一灘死水，逐漸失去道德。舉例來說，烏干達總統約韋里·穆塞維尼（Yoweri Museveni）三十七年間都位處國家頂端，二〇二一年再度當選。

儘管烏干達規定「禁止三選」——同一個人不能擔任總統三次，但是穆塞維尼總統卻說：「我雖然七十七歲了，但老當益壯，還想繼續打拚！」而變更法律。我曾與烏干達人討論過這件事情，對方認為這根本比違法選舉更嚴重。

「這在烏干達是相當嚴重的問題，因為總統掌控選舉委員會，無論他說謊還是欺瞞，都無人干涉，可以說是任憑穆塞維尼擺布。不只是在野黨，烏干達人民也都很憤怒。」

根據許多非洲報導顯示，烏干達以外有幾個非洲國家也有類似狀況。同一個人長期把持政權之下，無論國家是民主制還是共和制，最終總統寶座都握在手中……也有與北朝鮮差不多的國家。這些國家的憲法都形同虛設，會隨著統治者的想法遭無視或改變，同一個人可以連續當選好幾次。

無論是什麼樣的民族、什麼樣的意識形態，只要讓覺得「這個國家是我的所有物」的人掌權，他就會變成獨裁者，政治也會腐敗。賄賂與獨占財富更成了理所當然。非洲人原本就因為奴隸貿易與殖民地統治的痛苦經驗，而對統治階層抱持強烈不信任感，看到現在這些貪腐的政治家後，只會更加質疑並絕望。

「因為缺乏領袖。」我與非洲學者談話時，對方認為這是非洲停滯的真正原因。奴隸貿易、殖民地統治、民族紛爭、天然資源爭奪戰、公共設施不足、教育制度不完善……因為沒有能克服過去負面歷史的領袖，讓現在的非洲依然痛苦。

非洲難統一，但經濟和市場可以整合

但是並非整個非洲都面臨絕望的未來。如前所述，也有像坦尚尼亞與肯亞這種成長股，波札那平均每人的名目GDP也達八千美金，是備受矚目的成功國家之一。二〇〇二年，日本的國債排名低於波札那時，有日本政治家說出了問題發言：「愛滋病患者多又接受日本援助的波札那，居然贏過日本，太奇怪了！」而引發軒然大波。

波札那一如國名是「札那人的土地」，是國家有七九％人口都是札那族的基督教國家。儘管是鑽石收益讓國家得以富庶，但是因豐富天然資源而得利的國家，在非洲並不罕見。

波札那的珍貴之處，在於政治家並未獨占財富，他們將收益投資在國民教育與公共事業，也會雇用貧民打掃道路等，想辦法創造就業機會以提升最低薪資。

儘管首任總統與第四任總統是親子，乍看會讓人誤會是世襲制，但首任總統塞雷茨・卡馬（Seretse Khama）因是「會考量經濟的優秀領袖」而深受國民支持。

我造訪波札那首都嘉柏隆時，最令我驚訝的是很多人在慢跑。苦於飢餓的國家變有錢之後，往往會出現「暴食、暴買」的風氣，但從慢跑可以看出這裡的人很重視健康。我當時住的是四星級飯店，在飯店的餐廳也可以看見當地人穿著西裝與洋裝享受美食。儘管這裡存在貧窮的人，但許多非洲人提到成功的國家時，會回答「波札那」。

二〇〇二年，企圖從政治面與經濟面形成「一個非洲」的非洲聯盟創立，現在共有五十五個加盟國。**非洲聯盟展現出要將非洲整合成統一市場的動向**。現在東邊已經形成東邊的經濟共同體，西邊則有西邊的經濟共同體，彼此之間則有廢止關稅等措施，而非洲聯盟的構想，就是要將其拓展至整個非洲。

遼闊土地裡住著數不完的民族，這樣的非洲要團結一致是很困難的，但是要形成如歐盟般的共同體卻有充足的可能性。波札那這個成功範例，讓人們覺得這個構想不再只是夢想。

第五部

美洲新大陸：原住民與移民的融合與對立

第11章

北美：白人、黑人、亞裔、拉丁族裔大融合

賀錦麗就任美國第四十九屆副總統時，不僅因首位女性副總統的身分備受矚目，人們也關注她的民族、種族背景。

她擁有牙買加裔父親與印度裔母親，既是非裔也是亞裔美國人，其配偶則是猶太人。這場跨越種族與民族的婚姻，可以稱為「跨種族婚姻」，無論是她的雙親還是她本身都符合這個定義。根據路透社（Reuters，位列世界前三的多媒體新聞通訊社）報導，美國每六個人就有一個人是跨種族婚姻。想必未來跨越民族與種族的婚姻會越來越多。擁有跨種族背景的人，具備理解各種人的基礎。這樣的人成為政治家或領袖的話，可望推動多元環境。

我認為在**探討南北美洲大陸時，「跨種族」是一個重要的關鍵字**。

在美洲，原住民已成為少數派，大多數人都是移民者，這裡比起「民族」更重視「種族」的社會。而英語的 race 同樣不只指稱種族，還包括了民族要素。

與擁有大量移民的英語圈國家——加拿大、澳洲、紐西蘭等相比，美國的種族歧視問題，及隨之而生的暴力事件特別多，黑命貴運動（按：主旨為黑人的命也很珍貴，主要抗議針對黑人的暴力行為）也看不見解決的曙光。

即使種族隔閡釀成嚴重問題，但隨著跨種族婚姻增加，「超越種族與民族的美國人」逐漸成為多數派後，或許就能改善狀況。儘管需要耗費漫長時光，但這才能真正的實現多元化。我在思考這些事情之餘，也很留意賀錦麗副總統的動向。

奴隸制，造成種族隔閡的根源

「為何美國比其他以英裔移民為主而建國的國家，有更嚴重的種族問題呢？」這是我長年思索的主題，也曾與形形色色的人討論過。我想其中一個理由，應該是美國黑人人口比例比較高，**經過多方探討後得出的其他假設，包括「或許是因為國家的成立，與奴隸制有密切關係所造成的」**。

這個由移民組成的全新國家，不僅沒有關鍵產業，也還沒有穩定的勞動者。不管要整頓公共設施還是形成社會經濟，非洲奴隸都是不可或缺的。雖然現在美國的黑人人口占約一〇%，但是十九世紀的南方黑人數量卻非常多。舉例來說，一九〇〇年的路易斯安那州，人口有四七%都是黑人。

在這塊毫無西歐要素的土地上，欲打造歐裔移民心目中的國家，就需要勞動力，而扛起這一塊的即為黑人奴隸——從這個角度來看，黑人也曾有過在美國社會占有重要地位的歷史，我們先針對這部分進一步探討。

在資本主義社會，「如果有新工作，就需要人手」，對出資者與勞動者來說，出資者創造工作機會，勞動者取得符合勞力付出的報酬，是理所當然的事。但是在南方大農園裡，開心的只有出資者而已，勞動者獲得的只有壞處。對農場經營者來說，奴隸數量攸關收益，從現今企業經營的角度來看，奴隸可說是低成本資源。薪水趨近於零，不需要員工福利與勞動條件，可以將人事費用控制在最小。只要在基地內建設小房子，供應毫無營養可言的剩菜，提供最低限度的生活需求即可。也就是說最大的花費只有「購買」奴隸時付的錢，剩下都視同折舊。

比較溫柔的經營者會同意名下的黑人在假日時上教堂、供應衣服，但是這不過是私人的（恐怕是基於基督教的博愛）施捨，並非整個社會的體制。

不花錢也不需要保養的勞動力，這個說法或許會有爭議，總而言之就如同優秀的機器，當然是越多越好。對白人經營者來說，黑人奴隸已經不是勞動者而是重要的財產，「逃走或死掉都令人困擾」。

被當成物品買賣，還被迫勞動的黑人們，不是自願工作的勞動者，而是遭強制調度的奴隸。

隨著美國的國力增強，勞動力的需求增長，被當成奴隸強行送來的人口增加。自十七世紀初期起的兩百年，被當作奴隸且毫無人權可言的人們，其傷痛不是那麼簡單能夠癒合的。

歐洲的黑人人口也不斷增加，但是並未釀成美國那麼嚴重的問題。人數較少當然是其中一個原因，不過最重要的是相較於美國，自願來到歐洲的人數壓倒性的多，加拿大、澳洲、紐西蘭亦同，黑人奴隸制度對國家成立的關聯性，都不似美國那麼緊密。

中南美洲的加勒比海也有大量非洲奴隸，但是加勒比海國家同時奴役了原住民、歐洲人與原住民的混血兒麥士蒂索人，因此面對的問題與美國完全不同。

在美國，奴隸制留下的傷痕程度與非洲並駕齊驅，這在美國造就了根深蒂固的種族問題，而在近年浮上檯面的，即是黑命貴運動。

無論祖先來自哪國，美國人都是「美國人」

畢竟有美洲原住民的存在，所以這個標題的說法尚有疑慮，但概略來說，是指美國是移民國家。在人們各屬不同民族的前提下，無論祖先是來自哪個國家，大多數人的自我認同都是「美國人」。

「你來自哪裡？」對美國人來說，這個問題可能傷及「我們是美國人」尊嚴。

在這個必須對歧視問題更加敏感的時代，美國人之間也會避免使用「非裔就是……來自俄羅斯的人都……」這種流於刻板印象的發言。

我認為，將美國人視為「名為美國人且擁抱多元性質的民族」比較好。

但是偏見與歧視仍以肉眼看不見的形式存在。

美國的起源，是因英國清教徒秉持著「想打造正統基督教國家」的想法，而打造新天地。由於建國與宗教有很大的關係，所以天主教自然遭到歧視，使義大利裔與愛爾蘭裔飽嘗辛酸。其中，愛爾蘭裔遭受的歧視，就像從英國原封不動搬過來。

因此美國的白人盎格魯－撒克遜基督新教徒（White Anglo-Saxon Protestant，

簡稱WASP）一直都處於優越地位。儘管近年狀況逐漸產生變化，但仍存在被視為名門的WASP家族。

美洲原住民：被孤立然後整合

這是美國建國前的事，一六二六年來到紐約曼哈頓島的荷蘭提督，用「布、劍與玻璃珠」從美國原住民手中換到島嶼，這個故事相當有名。這些過去被稱為印第安人的民族，其實是由語言各異的數百個部族組成。自古在美洲生存的人，除了美國原住民，還有加拿大北部等地的因努伊特人（見下頁圖）與夏威夷原住民。

十六世紀，歐洲人到來美洲時，也一起將歐洲的疾病傳了進來。許多不具備這類疾病免疫力的美國原住民殞命，後來更在所謂的印第安戰爭中慘遭屠殺。美國建國後，拓荒者持續從美國原住民手中掠奪土地，或是透過拐騙以低廉代價取得他們的土地，使美國原住民失去了家園。

造成決定性影響的，是第七位美國總統安德魯．傑克森（Andrew Jackson）頒

▲ 因努伊特人是美洲原住民之一，分布於北極圈周圍。

布的《印第安人遷移法案》。儘管這裡是美國原住民從部族祖先代代守護至此的土地，政府卻將他們強制遷移到名為「印第安保留地」的特定地區。其中最悲慘的就是切羅基人，由於他們的居住地碰巧發現了金礦，因此被迫遷移到千里之外的地方，在這條名為「眼淚之路」的途中，喪失了許多性命。

北美的原住民（美國原住民）人口，比南美（中南美洲）的原住民還少，不太有通婚的狀況。他們住在印第安保留地，鮮少踏出原住民社區，如同被孤立。

但是現在離開保留地，前往都市居住的美國原住民並不少見，這些人也被同化

成「美國人」。因為人數甚少，使他們逐漸失去部族的語言與習慣，這也是莫可奈何的。我總覺得遭強制同化這點，與日本的阿伊努族有相似之處。可以說，全世界的原住民，大多曾經歷遭後進勢力強迫同化的苦難歷史。

此外，留在保留地的人難以擺脫貧困。他們是說著英語、國籍為美國的「美國人」，雖說只要能從好大學畢業，就得以拓展未來。機會看似均等。但進一步比較，只能領著國家補助金勉強生活的美國原住民孩子，與在都市過著富裕生活的WASP孩子，若說「進入一流大學的機會平等」，絕對是騙人的。

因此拜登（Joe Biden）政權任命史上第一位美國原住民幕僚——內政部長德布·哈蘭德（Deb Haaland），就引起熱烈討論。她雖然並非來自保留地，卻是以政治家的身分，長年關注美洲原住民議題的人物。

在美國的中國苦力與日裔集中營

一八六三年，第十六位總統林肯（Abraham Lincoin）做出奴隸解放宣言後，便禁止黑人奴隸的買賣。但從十九世紀末期邁向二十世紀的美國，仍處於成長期，仍有龐大的勞動力需求。因此，即使黑人獲得解放，還是得在不利條件中勞動。為了補充勞動力，美國甚至還加上亞裔移民。

大清帝國打輸鴉片戰爭後陷入混亂，越來越多中國人抱著美國夢，前往新土地尋覓活路。這些來自中國的移民，從事嚴酷肉體勞動，像是掏金潮的礦山、美國橫貫鐵路的施工現場等，儘管是為了一攫千金以抓住夢想，這仍是相當不划算的工作。現在美國西海岸仍有許多中國裔居民，就是受到這段歷史的影響。

在這之中，還有印度裔願意在西海岸忍受嚴苛環境勞動，或許現在活躍於西海岸的許多印度裔創業者、科技工程師，就繼承了這份精神。

「中國人過度增加，工作機會遭剝奪。」白人勞動者的不滿爆發後，法律開始制定對中國移民的限制，取而代之增加的是日本移民。

第二次世界大戰時，第三十二位美國總統富蘭克林・羅斯福（Franklin Delano Roosevelt）以「敵國的人」為由，將約十二萬名日本移民送到集中營。擁有美國國籍且在美國出生的日裔美國人，同樣被列入其中，就算父母只有其中一方來自日本也是。可是，同樣屬於敵國的德裔、義大利裔移民，卻沒有被強制收容，由此可知美國人對「種族」很執著。**要和美國往來，就必須了解他們也有「因為種族歧視，而將日裔送進集中營」的黑暗歷史。**

直到一九八八年的雷根（Ronald Reagon）政權，美國才為囚禁日裔一事，正式向日本道歉與給予補償，拜登政權也認同這是「羞愧的歷史」。前美國總統川普（Donald Trump）則曾在訪談中回答：「不親自參與那個時代，就無法了解。」非常有川普風格的見解。

拉丁裔：美國未來的多數派

現在美國第二多的種族是西班牙裔（Hispanic），CNN與美國政府也會使用Hispanic，不過該名詞原本具有的意思是「西班牙、西班牙語圈出身」，所以，我認為使用代表中南美出身的「拉丁裔」（Latino）這個稱呼比較適合。事實上，也越來越多人使用拉丁裔一詞。

據二〇二〇年美國人口普查顯示，白人為五七．八%（按：自有記錄以來，白人人口首次低於六〇%）、拉丁裔一七．四%、黑人一二．四%、亞裔五．二%。白人逐漸成為少數派，可想而知，拉丁裔等非白人將成為未來美國的多數派。

拉丁裔人口增加，與中南美——尤其是中美洲各國——的貧窮程度呈反比。中美洲有宏都拉斯、薩爾瓦多與瓜地馬拉等經濟貧困、社會混亂的國家，這些國家人民努力前往陸地相接的夢想國度——美國。許多中美洲人民攜家帶眷，開著車或是徒步朝向美國邊境。「無論路途多麼艱險，都比待在自己的國家好。」我隱約能聽見這樣的悲慘心聲。

據說拉丁裔、黑人等非白人比較支持民主黨（按：美國的一個政黨，與共和黨並列為美國兩大主要政黨）。

民主黨的支持者中，有許多住在東海岸、西海岸、大都市的自由主義者、富裕階層、高學歷分子，他們的目標是「尊重少數群體，打造為弱勢者提供社會保證的龐大政府」。甘迺迪（Jack Kennedy）、柯林頓（Bill Clinton）、歐巴馬（Barack Obama）與拜登等總統，都屬於民主黨。

另一方面共和黨則比較受美國中西部、南部等鄉村地區保守派白人支持。他們想建造重視自由主義經濟的政府，「從跨國企業到國內產業都要保護」，因此也很受勞動者歡迎。虔誠的基督新教徒與天主教徒很多，也是一大特徵，布希（Bush Junior）、川普等總統就屬於共和黨。

許多分析認為歐巴馬政權與拜登政權，都是因為獲得黑人支持勝選的。當兩黨陷入不相上下的角力戰時，一〇%黑人幾乎全體投給其中一方的話，影響力就非常大了。如果未來「拉丁裔、黑人都決定投給支持少數族群的民主黨」，或許民主黨政權將持續下去。

但我們透過歷史學到的，就是未來無法預測。

因為解放奴隸的是共和黨的林肯，所以黑人長年都支持共和黨。但是經濟大蕭條期間，民主黨羅斯福總統祭出羅斯福新政。政府介入了放任資本家的自由市場，陸續推出「擴大公共事業，創造就業機會」等被稱為左派的措施。對於生活保障不足的弱勢族群來說，該政策幫助他們藉由工作重振生活。黑人中有許多貧窮人口，他們贊同保護弱勢族群的羅斯福，因此轉而支持民主黨。

日本人經常說：「誰當上首相都一樣。」確實無論是哪個國家，只要領袖平庸，無論誰上任都差不多，但只要有優秀的領袖登場，國家就會徹底改變，當然，極度惡劣的領袖，也會帶來強烈的負面影響。

看看最近的總統，可以看見民主黨的拜登政權比共和黨的川普政權，更加主張「化解種族對立」。但其實大半共和黨都將「不可以種族歧視」視為理所當然，「共和黨是白人至上主義，且帶有種族歧視」這個形象，是因為川普才不斷擴大的。所以，共和黨未來也可能出現充滿魅力的領袖，主打「儘管屬於小政府主義，但不允許種族歧視」。

順帶一提，儘管民主黨擁有和平清新的形象，屬於民主黨的安德魯·傑克森卻來自擁有黑人奴隸的農莊，並且主導了印第安人大屠殺。因此儘管「黨的性質」確實存在，但施政方向終究得看「人」。

美國的種族與民族並未互相融合，而是各自生活在不同的範圍，因此又稱為「種族沙拉碗」。**這個沙拉碗裡一直都是以白人為多數派，但是據信不久的將來會變成拉丁裔。**

種族問題、貧富差距等問題堆積如山，目前仍看不見解決的曙光，但從長期的眼光來看，我不認為這些難題會一直持續下去。儘管美國是基督新教國家，卻誕生了天主教總統、黑人總統，還熱情推動同性婚姻等的LGBTQ+尊重運動。無論什麼種族成為多數派，美國都具有相當大的可能性，為這個世界推動多元化。

加拿大：因法國而崇尚多文化

第六部會正式探討美國的種族問題，這裡先看同樣位在北美的加拿大民族。

加拿大擁有兩百個以上的民族，每年都有二十萬以上的新移民。從身為美洲原住民因努伊特人居住的新大陸，到被歐洲列為殖民地，這段歷史與美國相似。

簡單來說，美國獨立戰爭於一七八三年落幕，原為英國殖民地的十三個州組成現在的美利堅合眾國。而打輸獨立戰爭的英國保皇派奪得法國殖民地，而這些土地後來成為的聯邦國家，也就是今日的加拿大。

加拿大也與美國一樣，在收為殖民地的過程中，經歷原住民被打壓。殖民者甚至強行從原住民父母身邊帶走孩子，將他們送進寄宿機構後，施行否定原住民文化的教育，至今仍留下嚴重的傷痕。

加拿大向來被視為「與美國非常相似的北美國家」，但性質卻相差甚遠。最大的不同，在於種族歧視沒有美國這麼嚴重，不過仍保有部分排外的行徑。

加拿大與美國一樣曾在戰爭期間，將日裔送進集中營，但整體來說，種族歧視的情況較少。

這是我與加拿大友人、熟悉加拿大的人反覆討論後所獲得的見解。種族歧視情況較少的原因之一，在於幾乎沒因為奴隸制度留下創傷。加拿大本身沒有如美國南部大農莊這種產業，所以黑人也很少。在**十九世紀，甚至有人為了擺脫種族歧視而搬到加拿大**，或許有一部分也是因為看到美國受種族歧視影響而動盪，從中獲得教訓所致。但請特別留意，**幾乎沒有奴隸制度造成的創傷，不代表現居加拿大的黑人就沒有受到歧視。**

第二個原因則是牢固的法國文化圈。**加拿大的魁北克省等半個國家都屬於法語圈，這也是加拿大崇尚多文化的根源。**加拿大至今的官方語言仍是英語與法語，加拿大第二大城市蒙特婁則以法語為主，是十分重視法語的社會。

國際非政府組織（ＩＮＧＯ），如國際特赦組織通常一個國家設有一個分部，但是加拿大同時設有英語分部與法語分部，由此即可看出法語文化圈在加拿大是多麼穩固的存在。

當然並非所有加拿大人都會英語與法語，但說英語的英裔會因為工作等關係「不得不學法語」，反之亦然。這種異文化體驗如同家常便飯，文化也是雙線並行，或許是因為這個原因，使他們願意接受同為異文化的亞洲。

此外，另一個深受法國影響的地方，是有許多天主教徒。美國是清教徒打造的基督新教理想國度，但是來到加拿大的英國人、法國人、其他國家的人，都不是基於宗教理念而拓荒的。我認為這也造就了加拿大的寬容性。

加拿大從一九六〇年末期開始積極接納移民，一九七〇年代起，從國家的角度主打多文化主義。這不單純代表「同時擁有英語圈與法語圈的文化」，而是對亞洲圈也敞開了大門。

香港在一九九七年從英國手中歸還給中國時，許多香港人都移民到加拿大。尤其溫哥華因為位在西海岸的關係，有許多亞裔移民，走在街上經常可以看見亞裔臉孔，到處也都有漢字招牌。

此外，提到加拿大民族時，不可以忘記住在北部各省的因努伊特人，他們是自古就住在寒冷地區的蒙古人種。

加拿大發行的報紙除了英文、法文外，還有中文、德文、義大利文等多達超過四十個國家的語言。

我認為加拿大會成為未來引領多元化的國家之一，這個國家以較嚴謹的標準看待種族歧視，且這樣的意識深入整個國民社會。我覺得，這是不設限的新國家特有的優點。

第12章

中南美洲：與歐洲文化相剋的原住民文化

北美的美洲原住民細分成許多部族，對大國來說很難整合，但是中南美洲的原住民已經建構起大國家。其中最有名的就是阿茲特克王國（位置相當於現在墨西哥高原地帶）、印加帝國（位於現在祕魯），兩者都因西班牙而滅亡。

不是發現新大陸，而是侵略

中南美和北美最大的不同是曾擁有王國，所以原住民很多。儘管有些地區因殺戮與疾病，導致人口驟減至十分之一，但仍有許多原住民倖存並與歐洲人通婚。我曾造訪中南美洲的主要國家，在當地博物館看見西班牙侵略史，描述強迫原住民皈依基督教的拷問等展覽。**畢竟歐洲所說的「發現新大陸」，是非常失禮的說法。對原住民來說，這裡並非未知大陸，而是居住已久、構築自己文化的地方。**

「發現新大陸後移民增加」不過是歐洲的說辭，對中南美洲的原住民而言，是「歐洲侵略者、掠奪者到來」。消滅阿茲特克王國的科爾特斯（Hernán Cortés，以摧毀阿茲特克古文明，並在墨西哥建立西班牙殖民地而聞名）、消滅印加帝國的皮薩羅（Francisco Pizarro，開啟了西班牙征服南美洲的時代）都是西班牙人，也是征服者（Conquistador）中代表性的存在。這種殘暴非人道的行徑，是許多戲劇與文學的母題（按：指在故事中重複出現、具有象徵意義的元素）。

綜觀人類歷史，會看見許多戰爭、掠奪與殺戮，但從規模、對特定種族或民族的人權侵害、對現在的影響等角度來探討時，試著思考人類史上最應檢討的汙點，我認為是對非洲黑人的奴隸貿易；屠殺中南美原住民並掠奪土地；納粹大屠殺猶太人。這些都是由歐洲人在人類史上留下的黑暗。

奴隸貿易在非洲與美國留下傷痕，納粹大屠殺對全世界的猶太人造成巨大創傷，進而成為中東建設新國家的契機，對現在中東情勢，持續造成相當大的影響。

那麼西班牙等歐洲國家的侵略，對中南美洲的民族留下什麼遺恨？

中南美洲曾有種族階級制度

先簡單整理被歐洲侵略後的中南美社會，所產生的階級制度。

十六世紀初期，中南美洲的階層頂端是從母國到來的歐洲人。被稱為「半島白人」為主的西班牙出身者，處於統治階層。

進入殖民地的半島白人受到王族的委託監護（按：Encomienda，一種依賴體系，最初出現在羅馬帝國統治下的西班牙，武力強大的人保護武力弱小的人，以換取他們的服務。後來西班牙王室在菲律賓和美洲進行殖民活動時，用該制度管理和統治美洲原住民），負責管理原住民。也就是說，王族授予其「強迫原住民皈依基督教，並迫使他們勞動」的權限。原住民被迫開採銀山、在產砂糖的農園工作，又面臨對他們來說未知的疾病——天花大流行——而陸續失去性命。

在殖民地出生並成長的歐洲人——克里奧爾人增加，他們的地位落在階級制度的第二層，要比較的話，就是與南非的阿非利卡人相同。在當地出生的克里奧爾人被本國出生的半島白人歧視，後來也逐漸與原住民通婚。

混有白人與原住民血統的麥士蒂索人，屬於階級制度第三層。隨著歲月流逝，克里奧爾人與麥士蒂索人成為中南美洲的多數派，也是近代獨立運動的推手。

隨著中南部越來越多生產砂糖的農園，從非洲帶來的黑人奴隸也增加。白人與黑人混血生出的穆拉托人位處階級制度第四層，最底層則為黑人與原住民。

認識中南美各國的種族分布

現在半島白人與克里奧爾人等稱呼已經消失，一直到十八世紀，人們嚴格遵守階級制度，到了十九世紀，中南美洲陸續誕生獨立國家，階級制度跟著產生變化。一八〇四年，法國因為革命而動盪不安，位於加勒比海的島國海地在這時率先獨立。當時美國尚處於黑人奴隸制的時代，**海地就成為第一個獨立的黑人國家**，可說是完成足以在世界史上特別記載的偉業（但後來海地陷入長期的政治混亂與經濟困苦，終究沒能成為黑人國家的典範）。海地現在人口約九五％是黑人，第一屆總統也是黑人。

「阿茲特克王國的民族，以納瓦族為主。」

「克丘亞民族是印加帝國的後裔。」

認識中南美洲的民族時，我認為像這樣針對個別原住民族群詳細查詢，其實不

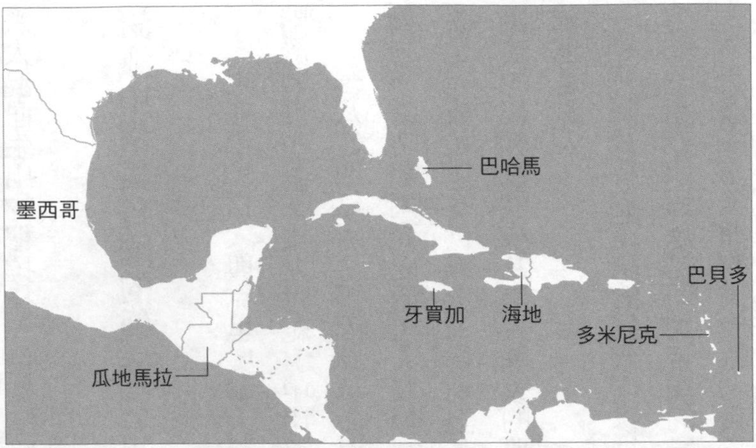

▲ 中美各國的位置關係圖。

太有意義。當然這些民族都有後代子孫，但是中南美洲已經歷了五百年以上的通婚，血統都已經混在一起。其種族混合在一起的程度，已經到達中南美洲沒有「跨種族婚姻」概念。**受到這方面的影響，連世界史教科書提到中南美洲時，都會寫出「種族歧視情況較少」**。

整個中南美洲的宗教以天主教為主。與西班牙裔混血的麥士蒂索人就不用說了，有許多原住民的祕魯、玻利維亞也被西班牙要求皈依，因此幾乎屬於天主教國家。語言上已西班牙語為主，巴西則使用葡萄牙語，但在殖民地時代（宗主國為英國或法國），則會多用英語或法語。

雖然中南美洲和美國在宗教與語言上，有共通點很多，但卻隨著人口——以白人、麥士蒂索人或黑人裔為主——產生文化方面的差異。這樣的種族比例與混血狀況，是中南美洲人的「民族特徵」。

我為了撰寫本書，與西班牙、中南美洲研究者或專家討論，獲得的共識是「理解各國的種族傾向，有助於理解中南美洲」，所以這邊先簡單的統整。

麥士蒂索人較多的國家，有巴拉圭、智利、哥倫比亞、委內瑞拉，廣義來說，墨西哥也符合；白人較多的是阿根廷與烏拉圭；原住民較多的則是玻利維亞與祕魯，其中玻利維亞更有原住民後裔的政治家，位居權力中樞。

莫拉萊斯（Evo Morales）是首位具原住民身分的玻利維亞總統，他穿著原住民的傳統服裝，輪廓也可明顯看出原住民血統。他批判跨國企業，並將古柯樹（按：葉中含有古柯鹼，可作為麻醉藥）栽培視為「玻利維亞的傳統」加以推動等，政治態度非常重視原住民。雖然莫拉萊斯當了四屆總統，卻因為遭受美國等的批評而失勢，現任總統則是被視為莫拉萊斯「繼承者」的盧喬．阿爾塞（Lucho Arce，先後在玻利維亞前總統莫拉萊斯三屆政府中，擔任財政和經濟部長，被稱為

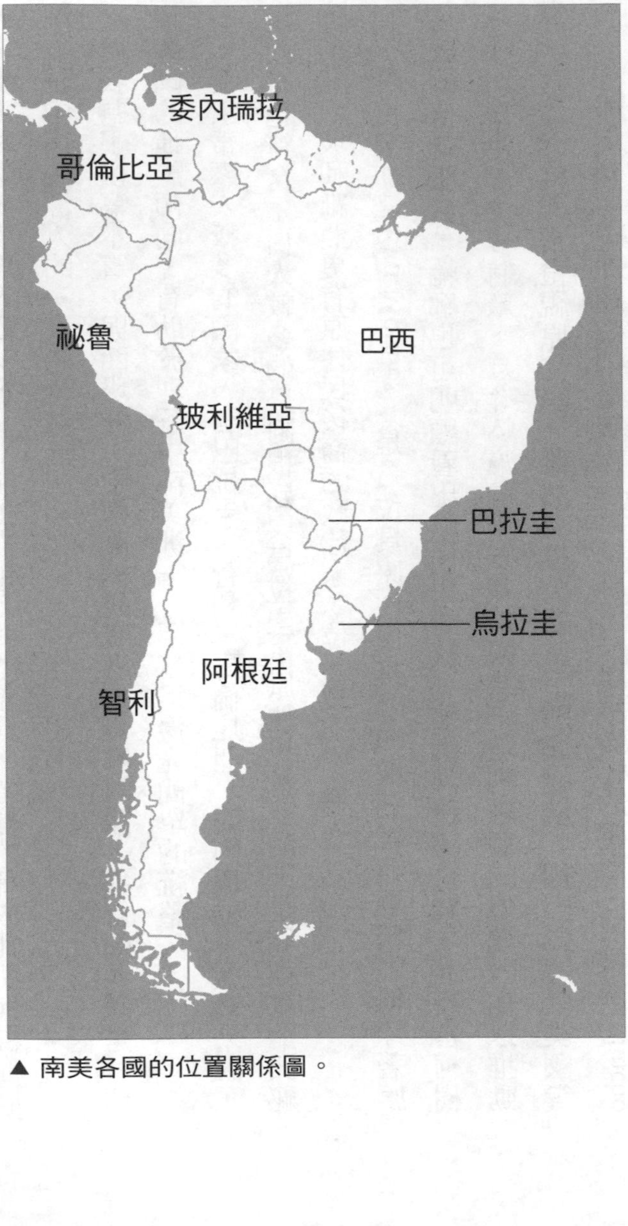

▲ 南美各國的位置關係圖。

創造玻利維亞「經濟奇蹟」的人）。

祕魯同樣有許多原住民，其中有影響力甚鉅的有權人士。他們就是遭暗算而滅國的印加帝國子孫，這使他們格外重視身為原住民的自我認同。

儘管沒有玻利維亞與祕魯那麼多，但是瓜地馬拉也有原住民，墨西哥則是雖然人數較少，但仍是擁有原住民的國家。

黑人較多的國家主要集中在加勒比海。這是因為西方人帶來的疾病等造成原住民大量死亡，為填補空缺而從非洲強行帶來黑人奴隸所致。如同美國南方有種植棉花的大規模農園，這個地區也有繁盛的砂糖農業，當初那些非洲黑人的子孫居住在此地。

日本職業網球選手大坂直美的父親，出身海地；賀錦麗副總統的父親與短跑運動員尤塞恩・博爾特（Usain Bolt）出身牙買加，這兩個國家跟巴哈馬、多米尼克、巴貝多等有許多黑人，南美洲大陸北方同樣住著許多黑人。

但是這些分類都只是概略，各國人們的立場與思維也五花八門。

二〇二一年七月三日，《經濟學人》有一篇報導：「中南美的自我認同問題再度點燃」。在墨西哥對馬雅文明道歉的同時，因阿根廷總統提到「我們（非原住民）是從歐洲來的」而引發反彈，從這裡可以看出中南美洲對民族、種族問題爭論不休。

儘管是種族歧視問題較少的中南美洲，也會針對種族展開各種的爭論。

中南美與中東：宗教、語言不同，但發展相似

我以三十年來身為國際情勢觀察員的立場來說，認為中南美與中東非常相似。居民的模樣也意外神似，例如黎巴嫩籍的卡洛斯．戈恩長得像巴西人這種情況，並不奇怪。

中南美與中東的第一個共通點，是語言和宗教的狀況幾乎相通。中南美的西班牙語、中東的阿拉伯語，都對各自地區產生莫大影響力。宗教方面也是一種信仰的聲量最大（中東以伊斯蘭教為主，中南美主要宗教則為天主教）。

第二個共通點就是曾受大國劃分行政區單位。

中南美經西班牙著手制定行政區劃，中東則是受到鄂圖曼帝國影響。世界霸主時期的西班牙和鄂圖曼帝國，都無法藉由徹底的中央集權管理遼闊土地，因此將地區切割成一定程度後，派遣皇帝的兒子、有權的家臣，或是任命當地的有權人士為總督加以統治。這些地方都逐漸變成行政區劃，後來更進一步變成今日的獨立國家。順道一提，中南美於十九世紀初期獨立算是比較早的，整體來說，比受鄂圖曼帝國或哈布斯堡家族統治的東歐還要早，阿拉伯的獨立也是在這之後。

獨立前的中南美洲受到屬於西班牙人們統治，前面提到的克里奧爾人——在當地出生的西班牙人，再怎麼出人頭地，也沒辦法超越在西班牙生活的人。

舉例來說，即便父母為西班牙人，但在祕魯生長的克里奧爾人，要成為祕魯公務員時，比原住民與麥士蒂索人有利，卻沒辦法前往西班牙首都馬德里工作。即使克里奧爾人有西班牙人血統，卻因為在祕魯土生土長，而只能在祕魯內部調動。

不過他們並不因此感到鬱悶，反而產生了家鄉意識與歸屬感。「我不是西班牙人，是祕魯人。」、「雖然我的父母是西班牙人，但我是巴西人。」對他們來說，相較於母國的西班牙人，與同胞麥士蒂索人、原住民、穆拉托人、黑人的距離比較相近。隨著通婚增加，雙方的距離更加靠近，最後逐漸成為同一個國家的同胞。

第三個共通點就是與歐美的距離感。因他們都被歐美統治或掠奪過，所以其內心與歐美產生隔閡。而現在，歐美各國的中南美與中東移民增加，造成歐美人反彈並釀成社會問題。很遺憾的，時至今日，中南美、中東與歐美之間的距離感仍未縮短。

就像這樣，儘管民族大不相同，卻在意外的地方產生了共通點。

數量太多了，巴西人也不知自己是什麼種族

我參加日本著名經濟評論家大前研一先生辦的學習會時，曾問：「世界上種族歧視較少、民族較融合的國家是哪裡呢？」

雖然我只是想參考他的答案，但非常熟悉世界各國的大前還是列舉三個國家。一個是前面介紹過的加拿大，接著是新加坡，另一個則是巴西。

我造訪全世界九十六個國家，也出席過許多國際會議，以我的經驗來說也與大

前說的一致。

巴西的白人有四七％、穆拉托人四三％、黑人七％。雖然亞馬遜住有原住民，但是數量比祕魯、玻利維亞還要少，連麥士蒂索人也只有一點點。當然也並非完全沒有問題，像亞馬遜原住民在新冠疫情下，難以接受治療或疫苗接種等。

巴西人提到種族時，很難明確說出像是「我是葡萄牙裔」、「我是非裔」之類的話。這並非是「可能會釀成問題，所以要避免提到」，而是因為人們體內混有各式血統，連當事人都無法確認。

舉例來說，即使到祖父母時代為止都很清楚．「祖父是白人與黑人生出的穆拉托人，祖母是白人」，但是祖母的三代前卻是麥士蒂索人與白人通婚。

巴西從二十世紀初期開始接受一百萬名日本移民，現在也有多達兩百萬名日裔人口。儘管這些日本移民也曾非常辛苦，但這份辛苦源自於貧窮帶來的劇烈勞動，並非因為種族歧視或迫害。

儘管這不能代表「巴西不存在種族歧視」，但至少沒有像美國那樣有著嚴重種族對立的歷史。

反過來說，日裔巴西人到了第三代左右，也沒多少人會產生「我是日本人」這種強烈的自我認同。從這個角度來說，即使日裔巴西人整個家族都源自日本，採用「Tanaka」、「Yamada」（按：分別為「田中、山田」的日文發音）這樣的姓氏，也擁有亞洲人臉孔，仍然不是日本人而是巴西人。

巴西不講究古老的出身，但是卻有著身為「巴西人」的自豪，深愛著自己國家的民族性。分散於各國隊伍的巴西出身足球選手，彼此之間也因為「同為巴西人」產生強烈的橫向羈絆。

整體來說，中南美洲較不在意種族與膚色，這點在巴西尤其明顯，我的假設是，或許是過去黑人奴隸受到的待遇不同的緣故。

如中南美過去的階級制度所述，以前原住民與黑人被視為社會底層，不僅遭受歧視還會被集中在特定區域，所以出現了海地與牙買加這種黑人很多的國家。

但是巴西的白人與黑人住在相同地區，也會通婚。**另一方面，貧民窟的存在不容忽視，貧富差距明顯是不爭的事實。**

也許受到曾將巴西當作殖民地的葡萄牙裔，並非白人至上主義的影響。實際前往里斯本就可以明白，那是讓人感受到「大航海時代即將開始」的開闊土地。我在前文曾提到，葡萄牙裔首重商業，或許種族偏見較少使他們較具融合的傾向。

大航海時代後半期，葡萄牙的鋒芒被西班牙蓋過，逐漸遠離了世界舞臺，但是他們開放的思維，以化為肉眼看不見的精神留在巴西。

巴西音樂巴薩諾瓦（Bossa Nov）是葡萄牙系語言，意指「新的突起」，據說混合了巴西黑人音樂、森巴與爵士樂。如各位所知，爵士樂源自非裔黑人的音樂。

我造訪里約熱內盧的音樂酒吧時，聽到混合了各種要素，聽起來很舒服的巴薩諾瓦，感受到擁有從融合中誕生的「共存意識」的巴西之心。

即使民族融合，也因貧富差距產生隔閡

有很多國家「原住民或少數派不在權力中樞」，但看到祕魯曾誕生日裔總統阿爾韋托・藤森（Alberto Fujimori，見下頁圖），就可以明白中南美洲是例外。

當然，成為一個成功的政治家，源自於藤森的卓越才能與政治手腕，但有一部

▲祕魯日裔總統阿爾韋托・藤森（1938-）。

分原因，是中南美洲對包括日裔與原住民在內的亞裔、黑人偏見較少。

在中南美洲，除了白人占多數且居主導地位的阿根廷與烏拉圭是例外，但是其他國家擁有讓語言與習慣已經融入當地的移民第二代、第三代，都得以大展長才的環境。

「中南美洲是多元環境先進國家，種族歧視較少且互相融合的國家。」

我原以為自己的假設並不牽強，但與某位墨西哥律師討論時，對方嚴正反駁：「儘管種族歧視較少，但是這個假設太過樂觀了。墨西哥的貧富差距過大，不論窮人是什麼膚色都會被歧視。說得更極端一點，整個社會甚至會認為『那些人是不同民族、種族』，讓人活在痛苦中。

「看看那些窮得無法受教育，只能加入幫派的年輕人。看看那些即使不斷遭拒絕，試圖跨越美國國境的墨西哥人民，就能明白了吧？墨西哥有著由毒梟控制、管理的地方，不只有墨西哥，哥倫比亞的黑手黨又是如何呢？並非因為沒有種族歧視，就人人都有未來。」

確實，中南美洲許多國家的犯罪率都出了名的高，人們對政治也抱持疑慮。不僅財政困窘，政局也動盪不安。在這個貧富差距過大的背景下，或許其中一個原因，是民粹主義政治家手握大權。

我想歧視較少的民族融合，是否能夠為政治、經濟帶來正向轉機，也將成為日後中南美的試金石。

第13章

大洋洲：亞洲化的白人國家

據說歐洲人在十七世紀初期，來到這個屬於澳洲原住民的國家。

荷蘭東印度公司發現了紐西蘭、塔斯馬尼亞州與澳洲。但是他們並非探險家，也沒有試圖在化外之地（沒有開化的地方）傳播基督教的宗教人士，荷蘭東印度公司都是只想交易的生意人。因此對這塊沒有珍奇辛香料、沒有布類可當作商品的大陸興趣缺缺。

澳洲：融合亞洲與歐美文化的白人國家

直到十八世紀，英國正式將人口移入澳洲。因為英國在美國獨立戰爭慘敗，失去美洲大陸這塊「自由遼闊的土地」，所以新天地澳洲在英國眼中充滿魅力。

在迫害澳洲原住民的同時，移居過來的歐洲人增加，到了十九世紀中期，澳洲正式成為英國的殖民地。為了供應纖維產業的原料——羊毛，他們在這裡飼養大量的綿羊，後來又因為發現金礦而掀起掏金潮。

現在使用的澳洲英語，相較於美式英語其實更貼近英式英語。儘管一九〇一年

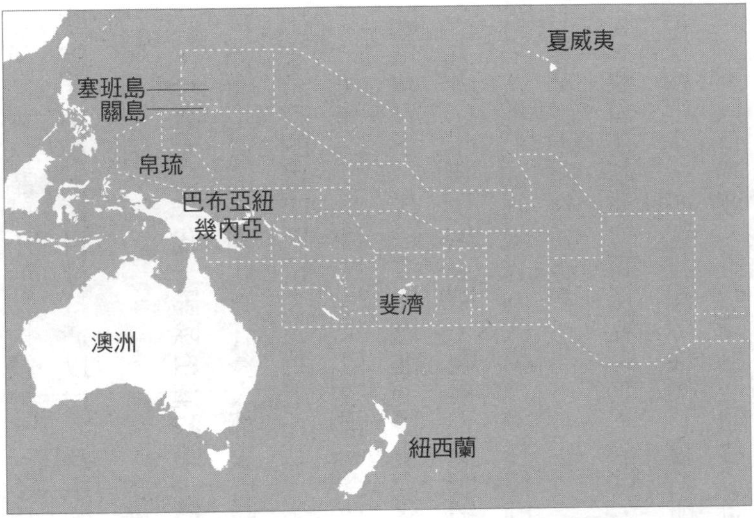

▲ 大洋洲各國的位置關係圖。

成為澳洲聯邦，但是街景、地名與白人文化等都帶有濃濃的英式色彩。

主要產業為挖掘金礦、生產羊毛與砂糖，因此光憑英國或愛爾蘭的移民是不夠的。但若引進黑人作為勞動力，澳洲離非洲太遠。此外，也沒有像中南美洲或美國那種需要大量勞動力的農園。

因此澳洲引進同為英國殖民地居民的印度與中國移民。

但為了挖掘金礦而到來的中國移民團結一致，成為白人的威脅。十九世紀中期剛過不久，獨占開採權的白人們便設立考試制度，並表示：「不懂英語或法語就不能移民澳洲。」不只中國人，他們試圖排除所有亞裔移民，從這時候開始澳洲便目標打造以白人為主的國家，展開了白澳政策，並於一九〇一年成立澳洲聯邦。

一九七〇年代一廢除白澳政策，亞裔移民就遽增。原本澳洲在地理上就不屬於歐洲而是亞洲，因此有許多人都來自曾為英國殖民地的香港、印度，歐洲來的移民出乎意料的以南斯拉夫人為主。

澳洲的主要移民是來自中國、香港的亞裔，非常重視教育。「成功的最佳途徑就是教育下一代」這個思維，讓不少父母都不惜耗費金錢與努力教育孩子。結果在一九九〇年代快結束時，觀察表揚成績優秀學生的名單時，會發現幾乎都是亞裔的姓名。他們前往優秀的大學，擔任律師、會計師等高專業性的工作，或是進入一流企業成為社會中堅分子。

亞裔在澳洲的商務現場並不罕見，因此幾乎沒有明目張膽的歧視。雖然亞裔政治家還很少，不過我想今後應該會有所改變。

不只有澳洲，紐西蘭也是融合了亞洲與歐美文化的「亞洲風白人國家」，從推動多元化這一面來看，與加拿大相似。

撕裂原住民親子的種族隔離政策

澳洲成為白人囊中物不過是四百年前的事，但是澳洲原住民從數萬年前就住在這塊土地上。儘管未獲實證，但是智人踏出非洲後到達澳洲與周邊島嶼，演變成澳洲原住民的說法，頗具可信度。

順帶一提，原本人們多用「澳洲土著」來稱呼澳洲的原住民，但因為該詞帶有歧視，越來越多地方捨棄不用，並改稱「澳洲原住民」。

澳洲原住民也與美國、中南美原住民一樣，有過艱辛的歷史。他們住在遼闊土地僅與周邊島嶼交流，因此缺乏對各式疾病的免疫力。結果成為英國殖民地後，歐洲人帶來的天花與梅毒，導致許多人殞命。

此外，歐洲人們既然以「白澳政策」排除亞洲人與有色人種，當然不可能接納非白人的澳洲原住民，甚至施以歧視的種族隔離政策。英國人向來將狩獵狐狸等打獵活動視為娛樂，這樣的他們似乎曾將澳洲原住民當成獵物。

到了二十世紀，不人道的行為依然持續著。

當時的歐洲人表示：「澳洲土著是沒有文化的未開化者，要讓他們成為像樣的澳洲人，必須讓他們從小接受西式教育。」

也就是說，他們拆散澳洲原住民親子，將孩子送到收容設施教育。這場兒童隔離政策導致數萬名澳洲原住民或其與白人的混血兒，被迫與家人分離，因此人們稱他們為「失竊的一代」。

「讓他們接受能成為像樣澳洲人的教育」只是表面話，真正的目的是要消滅澳洲原住民文化。在收容所裡，殘酷待遇、虐待與性侵都不罕見，長大後的孩子們則被送到白人的農場等工作。

南非的種族隔離已經很不人道，但是這種隔離親子的做法更是異常殘酷。最令人震驚的是這個政策竟然持續到一九七〇年代，儘管在二〇〇八年，當時的澳洲總理陸克文（Kevin Michael Rudd）曾公開道歉，但這仍是人類史中的恥辱。

約二〇一〇年年中開始，澳洲舉辦任何活動時，都會表示「向土地持有者獻上感謝與尊敬」，這些給澳洲原住民的話語，至今已經滲透他們的文化。

第一位澳洲原住民內閣誕生在二〇一九年，懷亞特（Ken Wyatt）議員以原住民部部長的身分入閣。**但是澳洲原住民要闖蕩政壇依然很困難，在經濟領域亦同。**「這是因為澳洲原住民人數很少，僅占澳洲人口不到幾％的關係。」當然也有這樣的意見，光看數字的話會覺得「原來如此，確實是這樣」。

但**在歐洲人到達澳洲之前，推估有一百萬位澳洲原住民，不過才一百年，就驟減至七萬人**，這個事實可不容忽視。有人指出，澳洲原住民到一九六〇年才獲得參政權，這個歷史因素對現況造成莫大影響。

實際上與澳洲有商業往來的人，或是派駐當地的商務人士，在日常生活中接觸到澳洲原住民的機會都非常少，就連相關問題恐怕也只是偶爾透過報導才能得知。但也可以說，這正是因為如此，人們更不可淡忘的這個負面歷史。

現在有許多澳洲原住民住在都市地區，過著融入白人社會的生活，同時也有重視舞蹈等傳統文化的人。

紐西蘭民族跳舞：「我們是同胞。」

「澳洲有澳洲原住民，紐西蘭也有名為毛利人的原住民。」這樣說也沒有錯，但這是非常模糊的表達方式。數萬年前，澳洲原住民已在澳洲生活，但紐西蘭仍是無人島。

紐西蘭現在仍然是羊比人多。人類開始在此生活是八至九世紀左右，玻里尼西亞裔民族——毛利人從南太平洋來到此處。也就是說，澳洲原住民與毛利人的時代完全不同。

十七世紀的荷蘭探險家、十八世紀的英國探險家都曾登陸紐西蘭，但是真正開發紐西蘭的是英國海軍上校詹姆士．庫克（James Cook）。以此為開端，陸續有歐洲人造訪，隨之而來的疾病造成許多毛利人死亡，這點與澳洲原住民相同，此外，也發生過英國介入毛利人紛爭並屠殺的事件。

但是毛利人並非單方面遭受屠殺，他們也與歐洲人做了交易。儘管在一八三五年，紐西蘭由英國主導成為國家，但是一如其名「紐西蘭聯合部落」（United

Tribe of New Zealand）」，是顧慮到毛利人的命名。

紐西蘭聯合部落很快就成為英國領地，但是毛利人強烈追求獨立，結果於二十世紀初期，成為大英國協的自治領（按：大英帝國殖民地制度下一個特殊的國家體制，可以說是殖民地走向獨立的最後一步），**與遭遇親子隔離政策的澳洲原住民相比，紐西蘭有截然不同的歷史。**

現在的紐西蘭民族中，有七〇％歐裔、一五％毛利人。官方語言是英語與毛利語，但因有許多混血兒，歐洲文化與毛利文化有一定程度的融合。

世界盃橄欖球賽中，紐西蘭國家橄欖球隊黑衫軍（All Blacks），會在賽前跳毛利人的舞蹈「哈卡戰舞」（見下頁圖），以提高鬥志。事實上，不只在球賽，紐西蘭在官方儀式、學校活動、結婚典禮等場合，也會跳哈卡戰舞。

自一九〇五年開始，紐西蘭國家橄欖球隊在比賽開始前跳哈卡戰舞，這儼然是他們的傳統，而領軍的則有毛利人血統的選手。也就是說，對紐西蘭人來說，毛利人並非被隔開的民族而是同胞，也就是紐西蘭人口中的「我們」。

另一方面，美國的美式足球隊「華盛頓紅皮隊」（Redskins）就遭受美國原住

▲ 紐西蘭國家橄欖球隊的哈卡戰舞。

民批判，被要求更改名稱。

紅皮，是對美國原住民具歧視意味的稱呼，也就是說，對美國人而言，原住民並非同胞，不是「我們」的一員，或許至今仍是「紅皮膚的那些人」。對美洲原住民來說，白人等美國人也是「白皮膚的那些人」，仍然是外人。

毛利人與歐裔居民「都是紐西蘭同胞」這一點，讓人感受到與澳洲原住民、美國原住民之間的差異。

當然紐西蘭也有對毛利人的歧視。例如，毛利人電影導演塔伊加・維迪提（David Waititi）就在英國時尚雜誌訪談中表示：「紐西蘭是種族歧視國家。」並談及僅是因為身為毛利人，就被懷疑有吸食稀釋液嫌疑的經驗。

但是紐西蘭是非常努力改善種族歧視的國家，他們用尊重毛利人的形式努力消除歧視問題，而「哈卡戰舞」就是其中一種方法。

大洋洲居民的過去與未來

大洋州的島嶼分成玻里尼西亞、密克羅尼西亞、美拉尼西亞這三個區域。玻里尼西亞有夏威夷與紐西蘭。密克羅尼西亞有關島、塞班島、帛琉。美拉尼西亞有巴布亞紐幾內亞與斐濟。

他們在歐美列強到來時隨著成為哪個國家的殖民地，分成不同的宗教、語言與文化，形成不同的民族與國家。但是原本夏威夷至東南亞之間的遼闊範圍中，就分布著許多有共通點的人，他們靠海營生因此經常四處遷移，交流也很頻繁。

當中整合成海洋國家的是印尼，因為剛好荷蘭東印度公司將許多島嶼統一占領並統治所致。印尼有多達三百個少數民族，但是彼此之間的共通性很高，因此打造出了獨樹一格的文化圈。如果玻里尼西亞與密克羅尼西亞的島嶼像印尼一樣，被同一個宗主國統治的話，現在或許會是南太平洋上擁有遼闊領海的巨大領海國家。

玻里尼西亞等所屬的大洋州與其他原住民跟日本一樣，擁有萬物皆有靈式的宗教觀。他們崇拜太陽、大地、天空、海洋等大自然，長年被基督教世界批為「低等、落後」。**但是在這個環境不斷被破壞，與地球的共存成為重要課題的時代，我認為萬物皆有靈，這種想法，值得重新審視。**

日本人擁有一神教國家無法理解的「與自然共生以及融為一體的想法」。正因如此，日本可以與擁有相同價值觀的大洋洲人們一起思考世界的未來。

不能僅想著「大洋州是觀光客才會去的遙遠南方島嶼」，必須同時思索未來與過去。

第六部

今後世界的民族與種族

第14章

日本的民族問題

「你那種說法是對阿伊努人的侮辱，請你馬上在這裡道歉！」

這是我自身的經驗。十五年前，我舉辦主題為「全球視野養成訓練」課程時，概略說明世界民族時，提到「日本雖然也有阿伊努族，但幾乎可說是單一民族」，結束課程後，其中一名參加者激動的表示抗議。

理解民族問題的第一步，先了解自己國家

那個還很年輕的人憤慨表示：「我體內有阿伊努族的血，無法容許『幾乎是單一民族』這種說法。」他的態度激動到連主辦單位都慌張詢問：「到底發生什麼事情了？」現場騷動不已。

我為自己使用不恰當的說法向對方道歉，才收拾了場面。

必須從對方的立場看待事情——即使腦袋明白這個道理，實際上卻相當困難。我明明是培育眾人建立全球視野的商務人士，結果自己卻失誤了，我至今仍難以忘記當時的羞恥感。

但我到現在仍不明白什麼樣的說法，才算「正確」。一九八〇年代，時任日本首相中曾根康弘，說「日本是單一民族」，造成阿伊努人的反彈。

我當時是大學生，但看到這則新聞後，立刻前往北海道的二風谷，拜訪阿伊努家庭：「請讓我聽聽你們的心聲。」雖然是突然造訪，但當時的社會風氣仍很悠閒，也有認為「畢竟是學生」而願意接待的人。當時他們坦率的告訴我心聲。

我從這個時期開始對國家與民族產生興趣，也認為必須更了解近在身邊卻鮮少機會接觸的阿伊努問題。從那之後已經過三十年以上，這個想法依然沒變。對我而言，甚至應該說為了適應全球化並實現多元環境，必須更了解日本民族問題才行。

在與其他民族、其他國家往來時，必須先了解自己的國家。

以我的立場而言，身處乍看「幾乎是單一民族」的日本，很少有機會思考「民族是什麼？國家是什麼？」日本人出乎意料的對自己的事情並不了解。學習有關阿伊努族的知識，有助於理解自己的國家與民族。這也是理解少數群體的第一步，將有助於打造出多元環境。

阿伊努族的自我認同被剝奪

日本人很容易將國籍、種族與民族混為一談，但其實日本也有各式各樣的民族，其中最具代表性的就是阿伊努族。

儘管如此很多人以為「阿伊努族應該沒發生過什麼問題」。事實上，這是因為**明治維新之後強力推動同化政策，才會讓人們很難看見阿伊努民族問題所致。**

很遺憾的，阿伊努族固有的語言、信仰、文化與習慣都所剩不多，且經過不斷混血。即使如此，他們仍是日本北部的原住民，並於二〇一九年獲得國會認同。

阿伊努族約從三萬年前，開始在鄂霍次克海生活，現在在日本本州北部、北海道、北方四島、千島群島、庫頁島一帶以漁業與狩獵營生。也就是說，現在的日本領土住著和人與阿伊努人。

阿伊努族曾與和人、俄羅斯與中國交易，但並非總是和平共處。住在庫頁島的阿伊努族曾與蒙古交戰，也跟和人發生過衝突。因為阿伊努語沒有文字，所以無法了解詳細的歷史，但是鎌倉、室町時代的和人留下了相關紀錄。

其中，以一四五六年的胡奢麻尹之亂格外有名。以現在青森為據點，曾與阿伊努人做交易的安東一族（又記為安藤），打輸其他家族後，搬到現在的北海道道南地區。阿伊努人雖然是原住民，卻因製鐵技術不夠發達，只能向安東一族購買狩獵用的武器。重要的工作用具只能向其他民族購買，可以說是完全陷入賣方市場，對阿伊努人來說是很不利的生意。看準這一點的安東一族，帶著歧視，提供了不公平的交易，因此兩者之間的摩擦是可想而知的。

某天，阿伊努人青年因與安東鍛造師起衝突而慘遭殺害，這件事導致道南阿伊努人的暴動。這一帶的阿伊努人首長胡奢麻尹進攻和人居住地，這場戰爭長達一年，最後由安東一族旗下的強大武將——蠣崎一族取得最終勝利，使和人得以在戰國時代的道南發揮影響力。

後來登場的織田信長、豐臣秀吉等戰國武將以畿內地區為據點，在留意朝廷動向之餘，也忙著征服本州，他們對北海道的認知，頂多是「津輕對面有座大島叫做蝦夷（按：日本江戶時代對於阿伊努人居住之地的稱呼，以現在的北海道為中心，包含庫頁島與千島群島等地），大島的對面有俄羅斯」。儘管一統天下的豐臣秀吉曾考慮過出兵朝鮮，卻對北海道毫無興趣。

因此蠣崎一族就以現在的函館為據點，以低廉價格從阿伊努人手中購買毛皮與海產物，之後賣到本州大發利市，增強了勢力。當時的函館名為「松前」，因此蠣崎便改名為松前，並在江戶時代成為松前藩。

隨著時間流逝，江戶幕府注意到蝦夷地，是因看到葉卡捷琳娜二世將勢力推展至西伯利亞，當然會開始思考「俄羅斯以蝦夷地為起點攻打過來！」的可能性；或許受到列強逼近日本，要求日本「開國」帶來的危機感之影響，地圖測繪家伊能忠敬測量了蝦夷地（按：伊能忠敬提出利用天體觀測來測量地面距離，如果相距過近，誤差會很大，如以江戶，還有到蝦夷地為基準，絕對誤差會小很多，於是他親自走遍日本沿海繪製地圖）；後來探險家間宮林藏踏上了庫頁島，各種原因都讓移居蝦夷地的和人增加。

明治維新起，蝦夷地變成了北海道，在這之前，和人認為「蝦夷地的阿伊努人，等於國外的異民族」，但在一八七一年又將阿伊努人視為日本國民。拓荒團大舉遷至北海道，在歧視阿伊努人之餘，又強迫他們作為日本人生活。在俄羅斯與日本決定的「國境線」影響下（按：庫頁島和千島群島，除了住有阿伊努人，也住有俄羅斯人。日俄兩國數年來都在爭取其主權），也有成為俄羅斯人的阿伊努人。

最具代表性的同化政策，是一八九九年的「北海道舊土人保護法」。從名稱即可看出歧視意味，實際內容也相當過分，禁止了戴耳環、紋身等阿伊努人傳統文化與習慣。這與校規禁止戴裝飾品不同，而是否定了與信仰、文化有關的民族自我認同，踐踏阿伊努人的民族之心。

和人還禁止阿努伊人從祖先開始就代代進行的獵鹿、捕撈鮭魚和鱒魚，要求他們從事不擅長的農活。在寒冷的北海道務農，對來自本州的拓荒團來說也很辛苦，後來才好不容易從畜牧業鑽出活路，對於農業新手阿伊努族來說，務農的辛苦程度更勝拓荒團。而且日本政府並未給與像樣的土地，使阿伊努族無法從農業有所收穫，生活因此陷入困境。教育方面，別說學校了，因為公所、商店都使用日語，使阿伊努語逐漸消失。政府甚至還基於自己的需求，擅自將部分阿伊努人從住慣的地方遷至他處。

阿伊努人擁有自己的語言、宗教與文化，是確實存在的民族，明明和人一直以

來都歧視、霸凌他們，之後卻又說「和我們一起成為日本人」，把他們變成「看不見的少數民族」。

目前推估阿伊努族約有十幾萬人，但是在同化政策以及與和人的混血下，無法得知明確的實際人數。阿伊努族在二〇〇七年，被聯合國認定為日本北部原住民族，阿伊努人施策推進法則於二〇一九年通過，是令和年代才發生的事情。由此可知直到非常近期，他們仍備受輕蔑。

二〇二〇年，北海道國立阿伊努民族博物館誕生後，我立刻前往拜訪。

到達北海道白老站時，車廂內的廣播，除了日語，還出現阿伊努語。我詢問站務員後得知「只有這一站這樣」。如果能像愛爾蘭都柏林一樣，至少整個北海道，在廣播時都使用兩個民族的語言，應該能提高日本人對多元的理解。

博物館裡到處都寫著「民族共生象徵空間」，即使民族不同也要互相尊重差異共同生存，我認為這是非常符合今後時代的訊息。

《經濟學人》曾經對博物館沒有為過去日本政府行徑道歉一事，刊登了批判性質的報導。確實政府並未對此道歉，但日本能以媒體提出的責難為契機，踏出接近

「給予原住民符合世界標準的尊重」的第一步。

明治政府時期，地理學家松浦武四郎曾對阿伊努文化展開徹底調查，多虧他的功績，使阿伊努語以地名的形式大量保留。像是「神」在阿伊努語中，讀作「Kamui」等與日語的「神」（Kami）發音相似，語調與平板音（按：日語中的一種發音變化）的部分都與日語、韓語等東亞語言相通，但文法卻截然不同，因此其屬於與日語不同系統的阿爾泰語系一說相當有力。

阿伊努人的宗教是自然崇拜，相信動物、植物等一切都有神靈寄宿，也就是說萬物皆有靈典。在這個共生的時代裡，我們有許多必須向阿伊努人學習的地方。

日本至今仍存在對韓的仇恨

朝鮮半島與日本的地理位置相近，歷史上也有漫長的交流。

明治維新後，很多韓國人和朝鮮人為謀職而來到日本並定居。但一九一〇年日韓合併時期，在日韓國人和在日朝鮮人才真正增加。在日本的殖民統治下，認為

「朝鮮也是日本」，而日本人為了同化韓國人與朝鮮人，甚至將他們改為日本姓氏——創氏改名，這是當時皇民化運動的一環。

連朝鮮半島都納入日本帝國版圖，使得很多人從日本前往朝鮮半島，但從朝鮮半島來到日本的人數卻遠超過前者。直到第二次世界大戰結束為止，來日本的人數仍不斷增加，其中也有被半強迫帶來的人。

一九四五年八月對日本來說是戰敗時刻，對韓國與朝鮮而言卻是解放之時。儘管如此，仍有很多人選擇留在日本，因為這些人已經在日本落地生根，且朝鮮半島的局勢比日本更加混亂。朝鮮戰爭後出現了北朝鮮，也有人因一九五〇年開始的歸國運動而前往朝鮮。

現在大部分住在日本的韓國人和朝鮮人，都在日本土生土長，也以日語為母語，所以沒辦法像母語人士一樣，流暢說著韓語或朝鮮語的人比較多。

這些人受到的歧視，是許多電影與文學的主題。以前關東大地震時，甚至有「不逞鮮人（按：曾參與反日運動的朝鮮人）變成暴徒」這種誇張的謠言，導致無辜的韓國人與朝鮮人被日本自警團（按：民間為維護地方治安自主成立的團體）虐殺。不論戰前或戰後，他們總被迫在惡劣環境做待遇很差的工作。因就職與婚姻方面會受到歧視，所以很多人為了隱匿出身而報假名。殖民地統治時代的創氏改名，讓很多在日韓國人和在日朝鮮人都同時擁有「日本名」與「韓國、朝鮮名」，但是他們基本上會將日本名當成化名使用。

儘管速度很慢，但狀況仍持續改善。阪神大地震時，在日韓國人和在日朝鮮人居住地區蒙受嚴重損害，但是已經沒人因為謠言而受傷，同樣遭遇天災的人們互助合作的報導變多了。

放棄化名改用本名的人也逐漸增加中，隨著韓國娛樂邁向全世界，也培養出不會歧視韓國，反而感到憧憬的世代。

儘管如此，偏見與歧視並不會輕易消失。軟銀集團創辦人孫正義曾發表過反對種族歧視的訊息，然而至今網路上等仍有針對他的言論。就連足以代表日本的孫正義，人們也會基於歧視與偏見而貶低他。

對在日韓國人和朝鮮人的仇恨言論，不只丟臉，甚至使日本淪為世界的嘲笑對象，然而這樣的行徑不僅在網路上出現，街頭上同樣反覆出現。

急遽增加的移民問題應對法

大阪市公所為了推廣外文，只要取得韓語檢定級別合格，就能獲得能力開發方面的點數（按：日本提供高度人才的資格或簽證，這是快速取得永住權的關鍵，而高度人才資格的申請門檻，則是要達到七十點以上。有獲得點數的方式有很多，包括其他語言考試合格或是修畢研究所碩士課程等）。我身為大阪市的特別顧問，也稍微參與了這方面的事務。

因為在有許多外國人居住的地區，公家機關也需要為外國人提供服務，所以會重視語言能力。一九九〇年代起，東京的在日外國人人數最多，但是一九八〇年代為止，最多在日外國人的是大阪府。

綜觀整個日本，會發現由於擁有日本國籍的在日韓國人和在日朝鮮人增加，使在日外國人中，變成中國人最多，越南人同樣急遽增加。愛知縣豐田市有許多日裔巴西人居住，這裡不僅有日系葡萄牙文指標，甚至對一般民眾的窗口中，也有懂葡萄牙語的人，但我認為最理想的狀態，應該是各式各樣的語言，都能以相同規格擴散到全日本。

以前居留日本的外國人與移民，以韓國、中國與臺灣居多，由於同屬東亞，文化與宗教都有共通點，因此儘管有歧視的問題，文化方面仍有親切感。不過今後應會增加來自東南亞等地、宗教與文化大不相同者。面對這些居留日本的外國人與移民，不只有公家機關，連一般民眾也必須認識他們的語言、宗教、文化與習慣。

舉例來說，來自印尼與馬來西亞等的伊斯蘭教徒增加，根據某間公立小學的相關人士所述，信奉伊斯蘭教的兒童不吃營養午餐的配菜，只吃飯而已。因為大部分的營養午餐，都不是依循伊斯蘭教戒律製作的清真食品。

從強迫「食物要全部吃光光」的昭和時代，到現代能理解食物過敏者「有不敢或不能吃的食物，剩下來很正常」。現在，我們也應該理解宗教與習慣不同的孩子，追求不讓他們感到被排擠的具體策略。

擴及更廣範圍的嚴重問題，則是伊斯蘭教徒的埋葬文化——土葬。儘管人們逐漸理解「必須在固定時間朝著麥加祈禱」這個儀式，但伊斯蘭教徒不幸過世後，在日本通常會採取火葬。雖然不是不能土葬，但必須辦理複雜的手續（按：無論生前是貧窮或富有，社會地位高低，伊斯蘭教徒死後都以白棉布裹屍，於三日內下葬。他們採用土葬，但不用棺木，沒有任何陪葬品，）。此外，有些地方政府則會強硬表示：「沒聽過什麼土葬，在日本就是要用火葬。」

對於從法律到生活，都與宗教息息相關的伊斯蘭教徒來說，遇到死亡這個最接近宗教的場面時，信仰卻遭否定，會有多麼痛苦。我以前在演講時會提到，「面對宗教，寬容很重要」，後來知道日本竟然發生對宗教毫不寬容的情況時，非常訝異（基督教徒同樣以土葬為原則，因此也會發生相同的問題）。

如何與各種民族共生存？——不論是誰，都必須正視這個問題，並加以思考。

此外，來自其他國家的技能實習生會在日本工作一段時間，但他們也面臨很大的問題：美國國務院指出日本並未支付充足的薪資，且讓實習生在惡劣環境勞動等。不只日本，針對居留國外並學習知識的人們，提供必要的應對，對活在重視SDGs全球化時代的我們而言，非常重要。

第15章

根深蒂固的種族歧視

二〇一三年，當時的日本皇太子德仁曾前往西班牙，在位於塞維利亞西南方的城市科里亞德爾里奧參加植樹儀式，並拜訪一六一三年在伊達政宗派遣下，由家臣支倉常長所率領的使節團之子孫。雖然後來支倉返國，卻有幾十個日本人留在當地，村裡至今還住著姓「JAPÓN」的居民，這在西班牙語中是日本的意思。

關於他們是否真為日本人子孫眾說紛紜，但已過了四百年，所以長相都充滿歐洲人風情。但是 JAPÓN 們似乎都認為「自己是流有日本血液的武家子孫」。政府為下一任天皇安排會見 JAPÓN 們的行程，可說是日本人至今仍很重視血統的象徵。

日本是世界罕見重視血統的國家。不僅認為國籍源自於血統，也很講究「相同種族的日本之血」。即使在日本出生、成長，只要外表是黑人或白人，就會被判斷「應該會說英語」，有時受到歧視。因為日本是屬人主義（按：指以自然人的血統關係〔即父母國籍〕為標準確定其原始國籍，是由親子遺傳而取得國籍的法律原則。相對概念是屬地主義，根據出生地而獲得該國國籍），所以容易認定「外表與日本人不同，等於沒有日本人的血統，所以是外國人」。

雖然也有像網球選手大坂直美這樣，「即使外表不同，但流有日本的血就是日本人」的案例，但這其實是以另一種型態表現出的屬人主義。「即使出生與成長都在其他國家，只要是日本人都應該會說日語。」或許是因為日本人仍有這樣的迷思，所以儘管大坂的母語是英語，才會在舉辦記者會時使用日語吧。

日裔巴西人比較容易拿到日本工作簽證，也是受到屬人主義的影響，但是他們的自我認同多半是「我們是巴西人」。最近大眾已經對此逐漸有所理解了，不過以前很常有人詢問日裔巴西人：「Tanaka 是日本名字，你也有日本人臉孔，為什麼不會說日語呢？」導致現場一陣尷尬。

屬於屬人主義的日本，只能有一個國籍。雖然大坂直美選手已經取得日本國籍，但因如此就判斷她的自我認同「只有日本」就太狹隘了。我們可以明顯看出她擁有黑人血統，同時也擁有亞裔身分、美國文化、海地與日本血統，呈現出豐富的一面，只因為她決定以日本為國籍，就要將她的民族性綁在其中一個國家實在太過勉強。國籍是近代才形成的，不過是國家成立後才隨之誕生的系統。

除了日本，也有其他屬人主義的國家，但是「認同雙重國籍、多重國籍，非屬

人主義，而是屬地主義」，才是全球的國籍主流。

日本的屬人主義者中不少人認為「血統的關聯性，等於同質性」，使外表與日本人不同的混血兒有許多不必要的困擾。《經濟學人》曾經介紹「hafu」（按：half-blood 的簡稱，日本人用該詞稱呼混血兒）這個和製英語（按：日本自創的英語詞彙），並將其視為對外國人的歧視之一（按：有人認為 half 意思是一半，具有貶義）。另外則對雙倍（double）、雙重（dual）這類用法表現出肯定態度。

以屬地主義聞名的美國，即使父母是非法移民，只要在美國出生即可獲得美國國籍，是多元文化先進國家。想要打造出充滿多樣性的豐富社會，選擇屬地主義比較有利。

根據厚生勞動省（按：相當於他國福利部、衛生部及勞動部的綜合體）的人口動態統計，二〇一八年日本的跨國婚姻達兩萬一千八百五十二對，也就是說，雙親其中一方不屬於日本國籍的日本人有增加的趨勢。

日本跨國婚姻中，有許多「日本人與中國人」、「日本人與韓國人」這類同種族的，但是相信未來與白人、黑人的跨種族婚姻會繼續增加。正因為長年來都是屬人主義，所以日本必須學習至今都未意識過的「種族」才行。

危機，暴露出的美國種族問題

二〇一九年，中國武漢市出現新冠病毒，且爆發大流行，在疫情期間，二〇二〇年五月，美國明尼亞波里斯有位黑人男性——喬治．佛洛伊德（George Floyd）遭白人警察德瑞克．蕭文（Derek Chauvin）壓制導致死亡。蕭文懷疑佛洛伊德使用假鈔而拘捕他時，用膝蓋強力壓迫他的頸部。而佛洛伊德的死因是窒息死亡。

「我喘不過氣了，住手。」蕭文不顧佛洛伊德的懇求，以不恰當的方式殺死了他，進而引發全美對黑人種族歧視的抗議暴動，也就是黑命貴運動。

喬治．佛洛伊德殺害事件成為契機，使美國社會根深蒂固的種族歧視問題，在新冠疫情之下，浮出檯面並且一口氣爆發。在這種非常時刻，原本就深陷社會困境者會更加窮困。臨時工與單親媽媽等社會弱勢族群的痛苦，也變得更明顯。

只要回顧歷史，就可以知道「一出現非常時期，社會問題就會浮上檯面」，像歐洲鼠疫大流行期間，貧困勞動者釀成問題，不過之後有改善，如全球性的加薪。

儘管美國的種族問題因新冠肺炎而浮上檯面，卻不是簡單就能改善的事情。

第十一章已經介紹過，由移民建立的美國，擁有無論什麼民族都是「美國人」的自我認同，但是種族問題，卻取代民族問題成為國家的嚴重問題，從奴隸貿易起延續數百年，至今仍未獲解決。

世界各處都有堪稱蹂躪人權的事態、種族或民族之間的紛爭，但是強行把外國人帶進國內，迫其從事非人道的工作，以奠定國家經濟基礎的美國奴隸制度，是綜觀全球，仍格外醜惡的事態之一。

長年遭受歧視的黑人，至今仍有許多到醫院接受治療，順序卻被延後的案例。這使得很多黑人無法信任醫療機構，進而導致新冠肺炎的疫苗接種效率不彰。

此外，黑人與拉丁裔有很多人從事臨時工、關鍵工作者（按：key worker，如醫生、護理師、消防人員、警察、救護車司機等，給民眾提供必要服務的人），很多人因新冠肺炎失業。還有些人因從事必須接觸多人的工作，導致感染風險提高，卻無力加入保險或支付醫療費，導致罹病後的症狀惡化。

比歧視更可怕的隔離政策

已有許多報導關於美國的大問題——黑人歧視，請各位務必留意。我想在這裡先敘述，從某個角度來說比歧視更恐怖的隔離政策。

十九世紀後半，南北戰爭結束，黑人在法律上獲得解放，自此之後再也不是奴隸了，後是隨之出現的，卻是主要在南方執行的種族隔離政策——吉姆．克勞法（Jim Crow laws）。

以兒童的學校為例，會分成白人與黑人專用，前者的設備與教育水準高、資源充足；黑人兒童必須舟車勞頓的前往離家很遠的學校，能接受的教育課程也不多。

巴士上的前方座位給白人坐、後方座位則給黑人用；各種族可以前往的餐廳也不同；即使在同一個地方工作，洗手間也會分成白人專用與黑人專用。有些州還禁止跨種族婚姻。

「這裡是自由的國度，黑人可以搭巴士，也能像白人一樣工作，但是畢竟是不同種族，所以當然要分開。」這種理由過於惡質。不只黑人，黑人與白人的混血、美洲原住民、中國人與日本人等，也都被視為「有色人種」而隔離。

奴隸制度廢除之後，取而代之是歧視合法化，從這個角度來看，隔離政策有著比歧視更可怕的一面。儘管國際社會批評南非種族隔離「令人難以想像」，但是美國其實也有類似的狀況。

吉姆・克勞法是所有美國人都知道的惡法，也是與美國人往來時，應當作知識吸收的歷史事實。

由於法律本身就是這種狀態，讓歧視意識蔓延。十九世紀中期在南方組成的三K黨（Ku Klux Klan）奉行白人至上主義。擴散至全美的三K黨會綁架只是為了用餐而走在街上的黑人，然後集團凌虐或是殺害。

這可說是古今中外都沒變過，且毫無根據的霸凌結構。至今都比自己低等的黑人，竟然開心的用餐──當時光是這樣就難以忍耐的白人應該很多。

一九四五年興起了民權運動，一直到一九六四年實施民權法案為止，都還維持著隔離政策。

這段期間有過最高法院判決，「隔離政策剝奪了黑人受教育的權利」的布朗訴教育局案；說著「我有一個夢」的人權主義者馬丁・路德・金恩（Martin Luther King）等人的民權運動，但是一直到黑人在法律層面上真正獨立，卻花了一百年。

在第一次、第二次世界大戰，以南方為主，有大量黑人從軍，成為黑人分布至全美的契機。儘管戰爭是壞事，卻產生了軍人與軍需產業的工作機會。雖然軍隊裡也有歧視，但是也有人因為在軍中活躍，而以軍人的身分闖出一條生路。但是歧視與隔離卻沒有因此消失。

歷任總統都各自推出了黑人政策，甚至有黑人總統的誕生，但是至今仍無法從根本解決。

白人至上主義者的貧困與絕望

「不可以種族歧視」是理所當然的，但是說著「應賦予黑人權利！人人平等的世界才完美」這種場面話很簡單，說完後卻沒有任何行動，根本毫無意義。光是說說無法解決問題。首先我們應察覺，自己對種族問題和相關知識等了解的太少，必須刻意蒐集資訊，像是看報導、書籍與電影。「確實學習並理解」是解決問題的第一步。

因為很少報導，所以沒什麼人知道。再加上，在探究歧視結構時，也不能缺少對歧視方的理解。為此，我在研修等刻意傳遞白人方的情況。

川普政權誕生後，就經常被提到的白人至上主義者，並非都是主張「我們白人最偉大，其他人種都不行」的人。他們認為：「黑人與拉丁裔住在美國無妨，我也認同他們是美國人，但是白人住在只有白人的地區，黑人住在只有黑人的地區時，對彼此來說都比較方便。」

也就是說，這是「彼此不同，所以各自獨立」的思維，就如同「隔離就是平等」的隔離政策。

關於這個問題，慶應義塾大學的教授渡邊靖所撰寫的《白人民族主義》，清楚且精準的說明歐美常見的仇恨犯罪、移民排斥、伊斯蘭教徒歧視、基督教的支持等問題。

最令人訝異的，書中提到，白人至上主義者稱讚日本，是同質性強烈的社會，強烈到甚至有說出「我國是單一民族」的政治家。對此白人至上主義者認為：「因為是同質性強的人們組成的社會，所以日本犯罪率較低，可以說是一種理想。」

共通點多的人聚集在一起比較方便——這已經超越種族問題，而是屬於人類性質的層面了。不願意理解這點，就直接認定「白人至上主義者，都是種族歧視主義者」的話，就太草率了。

他們是非常平凡的人們，或許只是單純把「出自同等級的學校、年收與興趣都相當的人之間往來比較順利」這種思維延長，而追求「隔離政策」。

關於**歧視方的白人，有一點不能忘記的，就是白人勞工階層的困境**。

前文提到，我曾說過：「中南美洲的種族歧視較少。」墨西哥律師便反駁：「中美洲有超越種族歧視的嚴重貧富差距。」事實上美國也一樣。因為「種族歧視與貧富差距都很嚴重」，讓問題更加根深蒂固。

各位可能聽過「窮白人」、「白垃圾」、「紅脖子」等，對白人藍領階級的蔑稱。造就川普總統的原動力——最多只有高中畢業的白人勞工階級，抱持著沒辦法想像未來的難題。

二〇二一年奪得奧斯卡金像獎最佳影片獎的《游牧人生》（*Nomadland*），探討的是一位白人勞動者的故事——主角失去了家，只能開著自家的車子到處流浪，輾轉於各式各樣的工作之間。寫實的描繪出現今美國面臨的狀況，正是這部電影能奪得最佳影片獎的原因之一。

美國本來就有分類人群的傾向，有白人、黑人、亞裔；大學畢業、最多高中畢業；白領、藍領……在這些分類當中，高中畢業的白人藍領階級是全美國唯一壽命縮短的一群。

他們是曾足以代表美國的中產階級。從出生到成長都待在同一個城市，上家鄉的高中、在家鄉的公司上班，並且與家鄉認識的人結婚，這樣的人並不罕見。他們通常是虔誠的基督新教徒且愛家，每天去工廠上班、週末烤肉、看足球賽。當然他們也會使用智慧型手機，是會使用亞馬遜的「道地美國人」，乍看沒有任何問題。

但是他們生活在極為有限的社群，職場上僅會接觸到工廠作業這種一小部分的業務，沒有什麼專業技能。無論是高中剛畢業進公司時，還是變成四十歲的老鳥時，工作內容都沒有變化。

即使如此只要景氣良好，就有充足的收入，但時代會變。隨著汽車工業沒落、工廠搬到人事費便宜的海外，所以這群人就失業了。收入銳減使他們從中產階級跌入貧困階層。

即使想要換工作，卻因為整座城市都營運同一個產業而沒有工作機會。即使想改行當銷售員等，這些人幾乎習慣沉默的工作，溝通能力並沒有多好，轉行後也處處碰壁。他們曾經深信「只要在家鄉普通過著日子就沒問題」，因此根本不曉得該如何學習。為了盡快逃離焦慮與憂鬱情緒，他們飲酒、暴食、沉迷藥物，最後失去健康，壽命因此縮短。

以現況來說，學歷為高中以下的白人平均收入，或許比黑人高。但是相較於黑人所得上升，白人們的收入卻降低。人們會因為感受到「明天比今天更好」而努力，但如果未來沒有希望的話，幹勁自然也會薄弱。

他們認為「我們才是真正的美國人」，歧視黑人、拉丁裔與亞裔的真正原因，或許是在尋找逃離絕望的道路所致。

自己是比其他人種優秀的白人，自己至今仍沒有獲得回報，實在太沒道理了……不斷怪罪別人的結果，就是形成憎恨：「我會陷入窘境，都是那些非白人搶走我的機會！」

從墨西哥跨越邊境的移民、在超市工作的黑人、開美甲沙龍的亞裔，都是「擅自跑來搶走白人的工作」等都成了被憎恨的對象。

過度顧慮反而是歧視

提到種族問題，有些人會非常神經質。因為滿腦子認為這是「嚴重且複雜」的問題，而過度在意。

我為商務人士開設的研修中，經常聽到這樣的問題：「black 有歧視的意思嗎？」我也碰過一件事：我為某個網路媒體撰寫有關美國黑人歧視的稿件後，該編輯部看到我的標題寫了「黑人」一詞，馬上向我確認：「把黑人擺在這麼明顯的位置不好吧？」

我認為上述兩種情況都過度小心了，如果不能使用黑人或 black，說得極端一點，人們根本沒辦法講話了。

雖然有人表示：「用非裔美國人代替黑人吧。」但也有黑人生活在非洲以外的地方，例如海地與牙買加。用「海地裔美國人」或「加勒比海裔美國人」的話，這個話題根本沒辦法繼續討論下去，甚至會引發「難道白人方面還會稱為波蘭裔美國人嗎？」之類的話。

英語裡絕對要避免的種族歧視用詞，是所謂的N語，也就是negroid（黑種）或nigger（黑鬼），不過，若是黑人自稱，就沒問題，但這些詞若出自他人嘴裡，就變成侮辱，會釀成嚴重的問題。

單純的問：「你身為黑人，有什麼看法？」（You are black, so what do you think of this?）則是一點也不失禮的認真態度。

織田信長曾重用黑人

不知道該說是幸還是不幸，因為很多日本人都不擅長外文，所以在外文對話中，很少出現種族歧視發言。

日本因種族、宗教、性取向等歧視，而產生的犯罪或仇恨犯罪並不多，因為是黑人或伊斯蘭教徒就猛然揮拳，或是因為是LGBTQ+就訴諸暴力的事件非常少。儘管如此，卻不是完全沒有歧視與偏見。堪稱是在歧視、誹謗、中傷阿伊努人或在日外國人的言論，在社群網站上舉目皆是，當然也會有對黑人的偏見。

舉例來說，我的非洲學生剛來日本時曾表示：「日本人沒有歧視或偏見。」但是往來兩年、三年後，卻說出：「人們會因為我是黑人而躲避，完全不打算積極和我交流。」

但是回顧歷史，可以看見日本人對非洲偏見事件很少。戰國時代，織田信長將黑人武將——彌助提拔為家臣。織田信長接納了耶穌會傳教士帶來的黑人，為他取名為彌助，沒有將他當成奴隸還是珍奇異獸，而是封為家臣——如果沒有本能寺之變的話，或許他還會成為大名（按：擁有寬敞領地的武士）。如此一來，日本或許就會出現黑人大名的家族，儘管歷史沒有所謂的如果，但光是想像就覺得有趣。

織田信長所在的十六世紀，尚未正式展開奴隸貿易。這個時期接納並重用黑人的，恐怕在非洲以外的世界都相當罕見。

根據形形色色的文獻判斷，「種族」概念應該是十五世紀左右成形的。在這之前人們透過民族的交流，也知道彼此的膚色、髮色、眼睛顏色、外表不同。但是當時的服裝、髮型與食物差異都比現代更大。對第一次看到辮子頭、丁髷的人來說，或許都比膚色更令人衝擊。

「從遠方到來的人們，長得完全不一樣。」

這就是近代以前的全球標準，**所謂的種族，只是眾多差異的其中之一**，根本不會特別注意到吧。這只是我的假設，不過或許人們開始注意種族，是奴隸貿易之後的事情。

「不一樣，所以很有趣。」一面對未來會不斷增加的外國移民，就仿效提拔黑人當家臣的織田信長拋開偏見，或許能從中找到日本特有的種族問題解法。

第16章

移民與難民，人跟錢一起動起來

「GAFA無國界」這句話象徵的是全球化的發展，使商業超越國界。商務中的人、物、金（按：日本商業經營三要素）動起來，包括了出差、派駐與中短期交易，今後相近移民也會慢慢增加吧。

從至此介紹的可以了解，移民增加就會與原居民產生摩擦。隨著新冠肺炎的感染擴大，更出現歧視亞洲人、排斥歐洲移民等問題，這可說是全球化的副產物。但人、物、金不會因此停止流動，所以我們更必須充分了解民族問題。

「現在是網路什麼都查得到的時代。」儘管有這樣的看法，但是仍有許多不親臨現場就無法明白的事。例如：「現在的盧安達有充分的危機管理，相當安全」光看網路上的影片，是無法感受到的。也就是說我們要重視的不僅有歷史，也必須經常更新隨時變動的最新資訊。

移民與難民是不同概念

在探討移民與難民問題之前，我們先來針對兩者做出明確的定義。

移民，幾乎都是經濟方面因素搬到他國的人。經濟方因素五花八門，從「自己的國家完全沒有產業可言」這種嚴重的貧困，到「到國外追求新的商機」都有。

至於是否發出移民簽證，每個國家不盡相同。有些國家政策就是積極招攬移民，舉例來說，沙烏地阿拉伯等波斯灣阿拉伯國家，就為了彌補勞動力不足而積極接受移民。

難民則是「因為種族、宗教、國籍、特定社會集團成員或是政治意見等，可能遭到迫害者」中，「待在國籍以外國家的人」。因為在自己的國家無法受到保護，或是「被這個國家保護意味著被逮捕、行刑！」等理由而不指望自己國家。

全世界超過一百四十個國家加盟了《難民地位公約》——「面對被認定為難民的人，有義務保護並確保其安全」。

隨著全球難民數量持續增加，二〇一九年的數據更是達約八千萬人，寫下史上最高的紀錄（按：截至二〇二二年五月，難民人數突破一億）。儘管戰爭本身已經減少，卻因為恐怖攻擊、內戰、紛爭的增加造成如此結果，此外後疫情時代也可能增加更多難民。

此外，像敘利亞、利比亞等產業崩潰的國家中，也有在政治因素與經濟因素影響下而朝著歐洲前進的難民。但是並非所有人都能獲得收容，而無處可去的人所居住的難民營，也有非常大的問題。

日本加盟《難民地位公約》，但因難民申請審核嚴格被視為問題。政府主張：「難民申請中，有許多以就業為目的的假難民，所以沒辦法全部接受。」日本的難民認可率為一．二％（二〇二〇年），是七大工業國組織（按：有美國、加拿大、英國、法國、德國、義大利、日本，歐盟為非正式成員）加上韓國中最低。「接受的數量實在太少了。」有人因此認為若被遭國際質疑，也是理所當然的，我也認為應改善才行。

日本的移民問題：兩百五十萬位「客人」

無論是難民或移民，日本都顯得不關心。儘管許多海外報導被翻成日文，但我聽海外媒體的日文版編輯提過：「即使提議介紹全球熱烈討論的移民問題，因沒什麼日本讀者，所以不被採納。」

確實，日本的海外新聞以中國、韓國與美國為主，韓國方面甚至連部長醜聞都會詳細報導。對於歐洲移民問題，只覺得是「遙遠世界的事情」——帶著這樣的心態，無法使人正確判斷世界。

光看數字的話，日本也有許多移民。安倍政權在居留條件中，增加了「特定技能」項目，事實上，這是為了招攬外籍勞動者的方針——因為隨著少子高齡化，勞動力明顯減少。

根據聯合國經濟和社會事務部的資料顯示，二〇一九年日本的移民數量約兩百五十萬人，是全球第二十六名。便利商店、建築業、清潔與照護現場有許多外籍勞工，也有許多前面提到的技能實習生造訪。**但是日本人卻沒有將他們當作長期居住在日本的「移民」**。幾乎都是以「較短期的就業且遲早會回國」的前提接受他們。

除此之外，移民「不能只學習日語，也要學習日本文化，與國民一起努力」的觀念很淡薄，導致外國人無論待了多久，都還只是外人。

檢視新冠肺炎期間的入境限制，就會深刻體會到「日本是屬人主義，在日本人與非日本人之間劃線明顯」。舉例來說，我有許多住在日本的外籍友人，住上幾十年的人也不罕見。「雖然我的國籍是英國，但住在倫敦的父母已經過世，我的家、工作以及家人都在日本。回英國期間，不是借住在親戚家就是住在飯店。」甚至也有這樣的英籍朋友。

二〇二〇年為了對抗新冠肺炎，有段時期禁止，包括長期居留者在內的「不具日本國籍的外國人」入境，招致國際社會的批判。以國籍為界線的日本政府作法，再怎麼樣也稱不上人道。當然，日本政府也有另一面，二〇二〇年每位國民都有十萬日圓的特別給付金，也列入了外籍留學生。

「他們給我獎學金念書之外，竟然還發給付金給我！我太訝異了，沒想到日本政府對外國人這麼好，讓我立刻打給父母告知。」

我研究室裡的烏干達人就曾驚訝的提及這件事情。雖然仍設有「用入國許可生活的人」等幾個條件，但是確實相當慷慨。然而即使是這麼「溫柔的一面」，我仍覺得日本政府在面對外國人時的措施，似乎太過隨機應變，有些失衡。

「日本政府太搞不清楚狀況了。」光是這樣批評是沒有意義的。我建議各位從移民、難民問題與「自己工作連結在一起」的角度檢視。

若懂英文，可以閱讀《紐約時報》或《經濟學人》，裡面就有詳盡的資訊。假設不擅長英文，我建議用翻譯器來看報導，但是要注意的是，即使是來自歐美媒體的報導，在翻譯的瞬間，就會產生自己國家的角度，可能會產生偏見。

我最推薦的是路透社與彭博（Bloomberg，該電視臺各頻道二十四小時不間斷播放商業和財經相關資訊）。這兩者提供免費的報導，雖然兩者都稍微偏向經濟與市場資訊，但是對忙碌的現代人來說，或許恰到好處。

即使移民與難民問題只出現在小篇幅的報導上，在全世界卻是相當大的話題，移民增加的程度會對該國的商務、事業發展都有所影響。

首先以經濟來說，移民會影響行銷策略。假設某間企業要進軍法國，那麼在制定新產品專案時，就必須了解熱賣商品會隨著歐裔法國人、黑人與伊斯蘭教徒比例而異，公關問題與價位也會跟著受影響，可說是與行銷4P（按：價格〔price〕，產品〔product〕，促銷〔promotion〕和地點〔place〕）有直接的關係。

移民在政治上也有莫大的意義。舉例來說，移民數量驟增時，對此表現反彈也就是排外主義的政治家，會忽然大受歡迎。

回顧歷史就可以明白，納粹德國之所以擄獲人心，並不是因為當時德國有很多激進派，而是透過增加公共事業，獲得失業大眾的熱烈支持。

在狀況百出時，打造出「敵人」並加以攻擊，讓大眾有目標可以宣洩不滿，是民粹主義者的常用手段。當時納粹設定的「敵人」就是猶太人，現在我們也剛透過川普政權的狂妄，親眼見證移民這個外來者，有多麼容易成為「敵人」。「敵人」可以是種族、可以是不同宗教的人，也可以是其他民族。

人類的歷史就是移民的歷史

曾在牛津就讀並在以色列執教的歷史學家哈拉瑞（Yuval Noah Harari），其著作《人類大歷史》（*Sapiens*）是全球暢銷書。閱讀本書為首的眾多歷史書籍可得知，「人類的歷史等於移民的歷史」。人類從非洲開始耗費數萬年，散布在地球的各個角落。

我造訪衣索比亞時參觀了「人類最古老人骨發現處」，如果那裡真的是人類的發祥地，也有數萬年來一直住在該處的人，那麼，或許全世界只有這些人不是移民。**反過來說，其他的所有人類都是移民。**

日本人是從玻里尼西亞等的南方、中國、朝鮮半島、薩哈林州等各式各樣的地方而來，並逐漸形成今日的日本人。

原住民、後來成為各國多數派的民族、最近才到來的「移民、難民」，大家都是在不同的時期，從其他地方遷移過來的人。

遷移是人類很普遍的行動，未來也會持續下去。因為大家都是人類，所以遇到有困難的人，就互相幫助並互相融合，但也可能因為民族不同而互相殘殺。

文化不同、語言不同、宗教不同。我們該認同到什麼程度，又要互相遷就到什麼程度，是人類永遠的課題。

結語
發揮民族共感力，緩解大滅絕時代

科學史專家表示，現在地球已經進入四十六億年歷史中，第六次大滅絕時期。上一次的大滅絕，是六千六百萬年前，因為隕石衝撞導致恐龍滅絕，而現在則是因人類的活動而進入滅絕時代，與以往的隕石或火山爆發完全不同。

十五世紀大航海時代開啟後，世界就進入全球化時代。全球化的過程中，人類經歷了許多戰爭與紛爭，至今國籍、民族、宗教造成的鬥爭仍不斷發生。以地球現狀來看，人類理應沒有閒功夫在小圈子裡鬥爭。

我撰寫本書的主要目的，是幫助各位培養共感力以理解民族，現在地球環境逐漸惡化，要解決這個問題，需要的或許是帶著共感力，從動植物的角度、地球的角度看待所有變化。

雖說是我的事情，我在二〇二一年四月成為藝術文化觀光職業大學的職員。「戲劇等藝術或許藏著提升共感力的重要線索」，我抱持這個想法，參加招募，最後幸運獲得這個職位。

該大學位在以東方白鶴聞名的知名環保城市──兵庫縣豐岡市。豐岡市秉持著「適合野生東方白鶴的環境，對人類來說，也是優良環境」理念致力於環保。

工業革命以來，全世界都往都市化發展，人們也可以說是自此開始理解「近代化，差不多等於都市化」。但是二〇二〇年開始的新冠肺炎，卻以全球大都市為中心爆發，為世人展現了都市過度密集時的脆弱。

大都市乍看生活方便，但讓人類失去在日常中感受大自然恩惠的機會，人便下意識的認為人類比大自然更重要。**我認為與自然分開的人類，生活失去了自然帶來的刺激，對創造性也會產生負面影響。**

如同莫內將據點遷移至吉維尼，有許多在巴黎活躍的法國印象派畫家，都在一八八〇年代離開巴黎，搬到自然豐沛的場所，並為後世留下許多創作，我想這也不失為一個象徵。

以豐岡市為中心的兵庫縣北部但馬地區，其面積與東京都相同，這裡人口曾達十五萬五千人，現在卻持續減少。綜觀全日本都可以看到人口越來越稀疏的現象，但也正因如此，讓我感受到必須從古代傳統文化、與自然共生等當中學習。回顧歷史可以得知，新的文明都源自於邊境。

所以我想以兵庫縣但馬地區為據點，等新冠肺炎平息之後，在繼續往來世界各地之餘，從藝術與自然的角度，動植物與地球的視角提升共感力，思索地球新的生存之道與文明生存之道。

我要藉這個機會誠摯感謝，藝術文化觀光職業大學的各位、外務省時代的前同仁，以及在派駐地區和留學地區和我交流過的世界各國人們、神戶情報研究所教職員與多民族的學生們、Global Dynamics 公司各位客戶、日本總研前同仁、曾在無數國際會議中討論過的世界各地領袖們。

尤其是執筆期間，我曾獲得下列各位的建議，我要由衷的致上謝意：

淺香龍吉、天野真由美、萊拉．姆努茲利．艾瑪諾、井尻 Megumi、石野香織、岩見洋一、大山隆庸、河合溫美、加藤誠人、狩野剛、艾利克・坎通納、瑞秋・奇布利吉、卡帝雷哥・哥撒納、幸野七海、河野光浩、小出敦、白子智義、史蒂芬・博伊德、志賀裕朗、孫一、尼克・鮑爾、二宮祐、帕德麥克摩爾、JC・皮內達、廣渡潔、福山聰久、伊姆朗・法堤夫、馬科恩・桑多爾、橫林直樹、廉宗淳、盧克姆耶納・桑達。

此外，我也請長年在甲陽學院高中教授世界史與日本史，現在也執筆學術論文的山內英正為本書進行同行評審。

當然若有筆誤的地方，絕對是身為作者的我應負起全責。

撰寫本書期間從企劃至編輯階段，都深受鑽石社木下翔陽的照顧。此外也多虧了Appleseed的鬼塚忠、遠山怜從企劃階段就提供許多建言。撰稿過程中也非常感謝自由編輯青木由美子的協助。如果沒有各位的鼎力相助，本書就無法順利完成，在此深深向各位表達謝意。

最後要感謝妻子總是提供許多建議，以及不斷為我打氣的兒子與女兒。

國家圖書館出版品預行編目（CIP）資料

衝突或融合，地緣政治的民族解答：世上所有紛爭的燃點，不是國與國，從非我「族」類視角，才知戰火何以難熄。/山中俊之著；黃筱涵譯. -- 初版. -- 臺北市：大是文化有限公司，2023.04
368 面；14.8×21 公分. --（Biz；423）
譯自：世界 96 カ国で学んだ元外交官が教える：ビジネスエリートの必須教養「世界の民族」超入門
ISBN 978-626-7251-33-1（平裝）

1. CST：民族　2. CST：民族史

535　111022469

Biz 423

衝突或融合，地緣政治的民族解答

世上所有紛爭的燃點，不是國與國，從非我「族」類視角，才知戰火何以難熄。

作　　者／山中俊之
譯　　者／黃筱涵
責任編輯／陳竑悳
校對編輯／張祐唐
美術編輯／林彥君
副總編輯／顏惠君
總 編 輯／吳依瑋
發 行 人／徐仲秋
會計助理／李秀娟
會　　計／許鳳雪
版權主任／劉宗德
版權經理／郝麗珍
行銷企劃／徐千晴
行銷業務／李秀蕙
業務專員／馬絜盈、留婉茹
業務經理／林裕安
總 經 理／陳絜吾

出 版 者／大是文化有限公司
臺北市衡陽路 7 號 8 樓
編輯部電話：（02）23757911
購書相關資訊請洽：（02）23757911 分機 122
24 小時讀者服務傳真：（02）23756999
讀者服務 E-mail：dscsms28@gmail.com
郵政劃撥帳號：19983366　戶名：大是文化有限公司

法律顧問／永然聯合法律事務所
香港發行／豐達出版發行有限公司
Rich Publishing & Distribution Ltd
香港柴灣永泰道 70 號柴灣工業城第 2 期 1805 室
Unit 1805, Ph.2, Chai Wan Ind City, 70 Wing Tai Rd, Chai Wan, Hong Kong
Tel：21726513　Fax：21724355
E-mail：cary@subseasy.com.hk

封面設計／林雯瑛
內頁排版／邱介惠
印　　刷／緯峰印刷股份有限公司
出版日期／ 2023 年 4 月 初版
定　　價／新臺幣 480 元
I S B N ／ 978-626-7251-33-1
電子書 ISBN ／ 9786267251485（PDF）
9786267251492（EPUB）

Printed in Taiwan